苏东坡传

一蓑烟雨任平生

张觅 / 著

民主与建设出版社
·北京·

图书在版编目（CIP）数据

苏东坡传：一蓑烟雨任平生 / 张觅著. -- 北京：民主与建设出版社, 2023.5

ISBN 978-7-5139-4191-4

Ⅰ.①苏… Ⅱ.①张… Ⅲ.①苏东坡（1036–1101）—传记 Ⅳ.①K825.4

中国国家版本馆CIP数据核字（2023）第083765号

苏东坡传：一蓑烟雨任平生
SUDONGPO ZHUAN: YISUO YANYU REN PINGSHENG

著　　者　张　觅
责任编辑　彭　现
特约策划　邓敏娜　张淳芮
封面设计　MM末末美书 QQ:974364105
版式设计　姚梅桂
出版发行　民主与建设出版社有限责任公司
电　　话　（010）59417747　59419778
社　　址　北京市海淀区西三环中路10号望海楼E座7层
邮　　编　100142
印　　刷　长沙鸿发印务实业有限公司
版　　次　2023年5月第1版
印　　次　2023年6月第1次印刷
开　　本　880毫米×1230毫米　1/32
印　　张　7
字　　数　161千字
书　　号　ISBN 978-7-5139-4191-4
定　　价　42.00元

目录

眉山才子

在四川眉山，有一座彭老山，山上景色秀丽，草木繁茂，花香沁人。山畔还环绕着一条玻璃江，秋冬季节时的水色深蓝，晶莹如玉，苏轼诗中的“吾家蜀江上，江水绿如蓝”，指的就是这条玻璃江。玻璃江边遍布桃树与杨柳，春来时，青青柳叶拔拂在水面上，桃花落瓣也飘坠水中，旖旎如画，令人有误入桃源之感，因此眉山又有“小桃源”之称。

宋仁宗景祐三年十二月十九日（1036 年 12 月 19 日[①]），苏轼就诞生在眉山这个灵气横溢、清景无限的山水城中，他更广为民间所

① 文中所提年份皆为农历年份。

知的名字是苏东坡。苏轼的出生，伴随着一件奇异的事情——原本长满草木、馥郁芬芳的彭老山，忽然万木皆枯、鸟兽远走，萧条不已。直到苏轼去世之后，彭老山才恢复了原本鸟语花香、百草丰茂的样子。原来，这竟是苏轼出生时尽得眉山草木之灵气所致。民间更认为苏轼是天上“文曲星”的转世。

宋仁宗时期，天下相对太平稳定，经济繁华富庶。仁宗性情宽厚，不事奢华，史家誉其为“守成贤主”。此时朝廷之中人才济济，晏殊、范仲淹、欧阳修等一代文人名臣都身居高位，星光熠熠般辉映文坛政坛。苏轼家乡眉山小城分外幽静清美，苏家是小康之家，不需为生计发愁，又有婢女、童仆服侍。因此，苏轼出生之后，可潜心读书，为后来终成一代文宗而默默积聚最初的力量。

苏轼的祖父名叫苏序，祖母史氏。苏序父亲苏杲生了九个儿子，只苏序一个孩子存活了。苏序为人平和简朴，性格豪爽开朗，虽然家有农田，身为地主，但并无等级观念。他经常带着美酒到田野中去，与朋友席地而坐，痛饮为乐。他又乐善好施，急人所难，因此手上经常没有余钱，“然终不悔”。

苏序看似天真，实则睿智。他早有忧患意识，担心荒年无粮，在丰收之年便已经未雨绸缪。他并不像其他人一般在田地里种稻谷，而是种粟，并把粟储存在大仓，因为粟比稻谷更便于长期储藏，可以预防饥荒。这样年复一年地积累起来，苏序所存之粟数量惊人，达到了四千石。果然，有一年荒年歉收，在众人都无计可施之时，苏序从容不迫地打开大仓，将粟取出，分给亲友和乡邻，一解燃眉之急。

苏序还在房前屋后都种上了芋头。芋头并非稀罕物，常人也不知道他的用意。苏序又不解释，只是每天喜笑颜开。遇到荒年，苏序便令人用大甑将芋头蒸了，摆放在门外，热气腾腾任饥饿的乡邻取食，救活了很多人。

苏序生了三子，苏澹、苏涣和苏洵，但长子苏澹不幸早逝。苏序重视孩子的教育，令他们认真读书，但态度相当开明。次子苏涣读书用功，他觉得很欣慰，幼子苏洵贪玩，不爱学习，四处游历，苏序也并不着急，任他玩耍，从不过问。如若有人提起此事，苏序便充满信心地答道："既然是我的儿子，还要担心他不学习吗？"

苏涣比苏洵年长九岁，早早地便考中了进士，成为家族的荣耀。捷报传来之时，苏序正在城外就着牛肉下酒，喝得酩酊大醉，很是逍遥快乐。听闻喜讯，苏序便丢下牛肉，接过诰文，高声再读一遍，将其装入一个布袋，再把牛肉装入另一个布袋。然后寻了村中一个青年，请他担上这两个布袋，自己则醉醺醺地骑着毛驴，往城里走去，欢欢喜喜，放浪形骸。他就这样我行我素，无视别人的嗤笑和怪异的目光。

苏序酷爱吟诗，随口吟之，便能成章，"敏捷立成，不求甚工"。几十年中他竟写了几千首诗："上自朝廷郡邑之事，下至乡闾子孙畋渔治生之意，皆见于诗。"可惜他的诗并未流传下来。但他对诗文创作的热爱被他的子孙继承下来了。

后来，苏轼感叹，祖父苏序实在是"精识远量"，如果他不是身处乡野之间，而是进入仕途施展才能，一定会大有所为。苏轼后来请到曾巩给苏序写墓志铭，曾巩评道："为人疏达自信，持之以谦，轻财好施，急人之疾，孜孜若不急。"

苏轼出生时，苏序还在世，时年六十三岁。祖父一直陪伴苏轼到他十二岁才逝世。这个天真豪爽的老人给幼年的苏轼留下了深刻的印象。中年以后，苏轼回忆祖父，为他写下《苏廷评行状》记录他的生平言行。而苏轼的性格与祖父几乎一脉相承，天生乐观，坦率天真，宽以待人，广交朋友，并不因对方身份贵贱而区别对待。

苏轼的父亲苏洵，也并非平凡人物，他即是《三字经》里提到的"苏老泉，二十七，始发愤，读书籍"中的"苏老泉"，为大器晚成的代表人物。苏洵娶了夫人程氏，程夫人是眉山大理寺丞程文应之女，出身大户人家，性格温和贤淑。苏洵十八岁时参加科举考试，并未考中，从此更加放飞自我，天天游山玩水。苏洵不管家里，程夫人为此感到忧虑不已，将家里家外的杂事一力承担。除了相夫教子之外，程夫人还要养蚕缫丝，靠着贩卖布匹丝线养活家中。

程夫人早年曾生过四个孩子，前三个是一男两女，在幼年时就夭折了。第四个孩子是个女儿，乳名八娘，也就是民间"苏小妹"的原型。苏轼其实是他们的第五个孩子。苏洵特地写了一篇《名二子说》来解释两个儿子取名的由来，其中就具体讲到了苏轼名字的来历。"轼"原意为车前供人扶倚的横木，是一个外饰，"轼乎，吾惧汝之外饰也，故再取字'子瞻'"。苏洵担心儿子才华外露，会遭灾祸，于是又给他取字"子瞻"，即希望儿子高瞻远瞩、有所作为，也含有让儿子瞻前顾后、谨慎行事的意思。

苏轼诞生是苏洵生命的一个转折点，二十七岁的苏洵这才突然感到自己不能再游手好闲，必须要认真读书，才能做好儿子的榜样。程夫人见丈夫忽然开窍，对此十分喜悦，全力支持。于是，苏洵开始发奋读书，谢绝了之前一起游山玩水的朋友。两年后，苏洵已经读得满腹经纶，信心满满地进京赴考。现实却给他泼了一盆冷水——他再次落榜了。

苏洵仍不灰心，沉下心又静静读了八年。如此寒窗苦读十年之久，总该一举成名天下知了吧。但庆历七年（1047 年），苏洵再去参加科举考试，依然名落孙山。

多次举进士不第之后，苏洵认为自己并不适合考试，于是不再参加科举。他把自己之前所作的数百篇文章付之一炬，继续闭门苦读。这次之后，他不再为应试而读书，而是为自己读，读的都是诗书经传、诸子百家之说，含蓄充溢，尽得其精义。从此，苏洵只要下笔写文，顷刻间便能挥洒出数千文字，后来欧阳修赞他“纵横上下，出入驰骋”，也就是长于纵横议论，文笔气势磅礴。

苏洵自己埋头苦读，对苏轼和苏辙读书也是督促得相当严厉。他是儿子们的启蒙老师，经常教导他们“进而可立功，退而可立言”，读书虽是为了当官，在政治上一展抱负，但倘若不能做官，也要积极著书立说，流传后世，做人不可消沉，无论身处何种境遇，都要抱有积极进取之心。苏轼后来的人生里，也贯彻着这样的行为准则，进而立功，退而立言，终生笔耕不辍。

对于诗文创作，苏洵有着独到的观点。他认为灵感为风，学养为水，行文需如同风行水上，自然而然，轻松成文，无须借助外力，“故夫天下之无营而文生之者，惟水与风而已”。苏洵此语对苏轼影响很大，苏轼也一直秉承着“自然”的创作理念，即使是嬉笑怒骂之语，都可以随手写成绝妙好文。

苏轼年老时，还在《夜梦》里写下了父亲在他年幼时教课的情景：

“夜梦嬉戏童子如，父师检责惊走书。计功当毕《春秋》余，今乃粗及桓庄初。怛然悸寤心不舒，起坐有如挂钩鱼。”夜里，苏轼梦见自己还是孩童，父亲要来检查功课，按照计划，他应该早把《春秋》读完了，但由于贪玩没能按时完成任务，于是他因担心父亲的责罚而提心吊胆，好像被挂上鱼钩的小鱼那样焦虑不安。

六岁开始，苏轼便在私塾上学。八岁时，程夫人将他送至家乡道观，即天庆观的小学堂读书，负责老师是张易简道士。张道士性情温和，对孩子循循善诱，苏轼幸运地遇到了一位好老师，也因此潜移默化地受到了道家以及道教的熏陶。

道家著作中对苏轼影响最大的，应数少年时所读的《庄子》。庄子优美生动的文笔自不用说，所论之思想也极为深刻。他继承和发展了老子“道法自然”的思想观点，认为“逍遥游”是生命自由的最佳境界，只有让精神超越现实，才能获得无限的自由和心灵的宁静。

苏轼认为《庄子》中所说，正好道尽了他心中所想。其《逍遥游》篇中不食五谷、御风而行的姑射真人，也是他所向往的自由之境：“藐姑射之山，有神人居焉。肌肤若冰雪，绰约若处子；不食五谷，吸风饮露；乘云气，御飞龙，而游乎四海之外；其神凝，使物不疵疠而年谷熟。”《庄子》浪漫缥缈的文风，更在潜移默化中影响着他的创作。

庆历三年（1043 年），宋仁宗锐意改革，起用范仲淹、欧阳修、韩琦、富弼等人，采纳其建议并颁布实施，号为“庆历新政”。当时国子监直讲石介写了一首颂扬新政的《庆历圣德》，此诗流传到了蜀地。苏轼看到后，便列举诗中所说的范仲淹等贤人去问他的老师。

张道士看这些都是当世人杰，笑道："你小小孩童，没有必要知道他们。"苏轼不服气地说："他们难道是天上的神仙？如果是神仙，我就不敢打听了。如果他们和我一样也是人，我为什么不能知道呢？"张道士听他出语不凡，又言之有理，于是便耐心向他一一介绍，说《庆历圣德》中所提及的人物都是当世出色的政治家、文学家，其中范、欧、韩、富四位尤为杰出。张道士当时怎么也没料到，苏轼有一天竟然会在北宋文坛独步天下，成为天下文人景仰的文坛领袖。

后来苏洵把苏轼送到眉山城西寿昌院州学教授刘微之那里求学。刘微之曾写了一首诗，名为《鹭鸶》，自己十分得意，便在课堂上读给孩子们听：

鹭鸟窥遥浪，寒风掠岸沙。
渔人忽惊起，雪片逐风斜。

这首诗写的是白鹭正在水边悠闲漫步，寒风拂过水岸。渔人突然过来，白鹭受惊飞起，羽毛被风吹起，如同斜斜飘落的雪花。动静结合，颇有韵味。

众孩童正赞赏，苏轼却提议道："先生，'雪片逐风斜'不如改为'雪片落蒹葭'。"接着解释，白鹭若是受了惊吓，应该会落到岸边的芦苇丛进行躲避，雪片一般的羽毛会被风卷于芦苇之上。这样一改，不仅更加符合白鹭的反应，而且使得羽毛这一意象于一起一落之间更增美感。

刘微之也是个心胸宽广的人，他听后赞叹不已，并说自己不配当苏轼的老师："吾，非若师也！"

当然，苏轼不只爱读书，也爱玩耍。他健康、明朗、快乐，对大自然的一切都充满了好奇。他在山野中奔跑着寻栗觅梨，在牛背上一边放牧一边悠然背书，下雨天还赤着脚去自家菜园里拔菜，真是无一事不快活。

心地仁善的程夫人给苏轼营造了一个与大自然融为一体的居住环境，苏家庭院就是一个小小的鸟之天堂。那里种有挺拔绿竹、森森松柏、高大梨树以及各类芳香袭人的花草，有许多鸟雀在花木上栖息和筑巢。庭院内还凿有一个小小的水池，夏天池中开满了洁白的莲花，风一吹来，便馥郁满庭。

程夫人担心鸟雀会受到惊扰，便嘱咐家里的孩子及仆婢都不能捕捉鸟雀。于是，苏家庭院的鸟雀越来越多，它们把巢建在花木的低枝上，放心地在鸟巢里孵化小鸟。人来了，鸟雀们也不会被吓得四处乱飞。苏轼在书房读书时，就时常听到宛若水滴般清脆的鸟啼声自窗前坠落，身心如洗。受母亲影响，苏轼和弟弟苏辙也很爱惜这些鸟雀，他们常在鸟巢旁观察，小心翼翼地逗弄那些初生的小鸟，还给小鸟喂食。

在苏家庭院里安巢的鸟雀中，最美丽的应该是桐花凤了。桐花凤的羽毛色分五彩、缤纷夺目，平日里是难得一见的鸟儿。但在苏家庭院里，却有好几百只桐花凤或飞翔或憩息。桐花凤与兄弟俩亲密嬉戏，苏轼伸手便可以轻轻摸到那蓬松柔软的鸟羽。

到了年老之后，苏轼回想起这段经历，还觉得异常地温馨，曾写过《异鹊》一诗以记之："昔我先君子，仁孝行于家。家有五亩园，么凤集桐花。是时乌与鹊，巢鷇可俯挐。忆我与诸儿，饲食观群呀。”正是幼时与大自然的亲近，塑造了他旷达、率真与宽容的性格，让他成为一个无可救药的乐天派。

七岁之时，苏轼有次出去玩耍，在一所尼姑庵遇到了一位姓朱的老尼姑。老尼姑已经九十岁了，很喜欢孩子，还会给孩子们讲前朝往事。她年轻时经常跟着师父出入后蜀蜀主后宫，知道许多宫闱秘闻，因此她所讲述的，都是恍若隔世却又真实发生过的故事，孩子们听得津津有味，苏轼尤其听得入神。

这天，老尼姑讲了这么一个故事。有一年的夏天炎热，蜀主孟昶与心爱的妃子花蕊夫人夜晚于摩诃池上纳凉，二人情思缱绻，孟昶便作下一首《玉楼春》。当时还是妙龄少女的老尼姑记了下来。在她年老之后，还记得那首词，并用苍凉的嗓音向孩子们缓缓念出：

冰肌玉骨清无汗，水殿风来暗香满。绣帘一点月窥人，欹枕钗横云鬓乱。

起来琼户启无声，时见疏星渡河汉。屈指西风几时来，只恐流年暗中换。

苏轼记性极好，听老尼姑念了一遍之后便牢牢记在心中。一晃四十年过去了，人到中年的苏轼有一日忽然想起了当年的老尼姑，经历了如此长的岁月，老尼姑早已去世，没有人知道这首词。苏轼默默寻思，难道是《洞仙歌》吗？于是用自己的巧思把记忆中的残句补齐：

冰肌玉骨，自清凉无汗。水殿风来暗香满。绣帘开、一点明月窥人，人未寝、攲枕钗横鬓乱。

起来携素手，庭户无声，时见疏星渡河汉。试问夜如何，夜已三更，金波淡、玉绳低转。

但屈指、西风几时来，又不道、流年暗中偷换。

词的上阕描写了花蕊夫人的倾国容颜，冰肌玉骨，暗香萦绕，明月也忍不住悄悄欣赏她的容颜。寥寥几笔，便勾勒出一个绝代佳人的倩影。而下阕中则蕴含了脉脉深情。携手看星汉，不惧时光飞逝，因为最爱的人就在身边，所以只觉心满意足，安宁熨帖。

但是，故事的结局并不圆满，多情的帝王和他所深爱的倾城美人并未能永远如此幸福地生活下去。动乱年代，要想拥有一份永恒而安静的爱情很难，帝王家尤其如此。苏轼未将孟昶看作亡国之君，也未将花蕊夫人看作红颜祸水，而是真挚而深情地赞美了二人之间的爱情，尤其把花蕊夫人描写得瑰艳缥缈，有若神女。

苏轼博闻强记，隔着数十年的光阴，居然还能将七岁时听过的这首词记得八九不离十，并且以自身妙笔点染，使之更加温馨。这首词令年幼的苏轼相信并向往这种执子之手与子偕老的爱情。

极高的天赋加上后天的努力，苏轼十岁时便写出了令人拍案称奇的文章。彼时，苏洵读了欧阳修的《谢赐对衣金带马表》后，要苏轼仿作一篇。苏轼便很快作了一文，其中有“匪伊垂之带有余，非敢后也马不进”一句，让苏洵喜之不尽。苏洵道：“希望这句话，将来你能用得上。”果然，四十六年后，苏轼以龙图阁学士担任颍州知府，撰写谢表时，想起父亲当年言语，就把这句话用了进去。

又有一次，苏洵令苏轼以《夏侯太初论》为题作文。夏侯太初即夏侯玄，是三国时期曹魏的重臣，丰神俊朗，“朗朗如日月之入怀”。夏侯玄平日里处事从容镇静，极具名士风度。有一次他倚柱作书，忽然间风雨大作，一道雷电将他身边的柱子击倒，把他的衣服都烧焦了，但夏侯玄浑若无事。后来夏侯玄密谋推翻司马师，事泄被抓，但临刑前依然面不改色、举止自若。

苏轼很快成文，并评论道：“人能碎千金之璧，不能无失声于破釜；能搏猛虎，不能无变色于蜂虿。”人能够在打破贵重的美玉时不动声色，却可能在打破一口锅时失声而呼；人能够与猛虎搏斗，却可能在见到蜂蝎时脸色突变。即使是勇士，在有思想准备和无思想准备的情形下，表现也是截然不同的。夏侯玄能在雷电袭击、衣服焦燃的情况下依然“神色无变，书亦如故”，这份镇定和气魄的确非常人所能及。苏轼从另一个角度，充分肯定了夏侯玄的名士风度，并提出了自己的思想。苏洵见小小孩童竟能发表如此深刻之议论，大加赞赏。苏轼的少年天才在当下已经显现。后来他还把这两个得意句子放入了《颜乐亭诗（并叙）》《黠鼠赋》等文中。

庆历五年（1045 年）春，苏洵离家宦游，先游历了峨眉山、岷山，经湖北到襄阳，再到汴京，后又漫游了嵩山、华山与终南山等，直到收到父亲苏序逝世的噩耗，才于庆历七年（1047 年）五月急忙赶回眉山。苏洵到四方游学之时，教子之责全落到妻子程夫人身上。程夫人的言传身教对苏轼、苏辙的影响很大。程夫人温文尔雅、知书达礼，亲自教导孩子。她亦是喜读书之人，论说古今的成败得失时，常能说出其中的要害。

有一日，程夫人教导苏轼学《后汉书》时，讲到了东汉名士范滂。范滂从小志存高远，长大后为官清廉，铁面无私，素有“澄清天下之志”。有一次朝廷派他到冀州巡察，当地那些贪污受贿的官员听说此事后，竟吓得都自动辞官离去。因当时朝中宦官弄权，发生了党锢之祸，范滂被牵连其中，不得不慨然赴死。当范滂和母亲诀别时，他母亲并没有劝他逃跑避难，而是对他说：“你现在能够与贤臣李膺、杜密齐名，死也无遗憾了！一个人既想有美好的名声，又想要长寿，这怎么能两全呢？”对范滂的舍生取义，范滂的母亲是非常肯定且赞许的。

程夫人讲完范滂之事后，苏轼沉思良久，忽然问道：“我若做像范滂一样的人，母亲会同意吗？”程夫人立刻回答：“你能做范滂，我难道就不能做范滂的母亲吗？”因此，苏轼从小便立下了一个远大志向，就是以范滂为榜样，做一个刚正不阿、为民请命的好官，即使为此献上生命也在所不惜。

苏轼十二岁时，一次和一群少年在家附近的空地上凿地为戏，结果挖出来一块奇特的石头。石头的形状很像一条鱼儿，温润晶莹的浅碧色表面点缀着细小的银星，宛若繁星漫天的夜空。苏轼轻轻敲了一下石头，石头便发出悦耳的声音。

苏轼不禁好奇，于是将这石头作为砚台研墨一试，发现这石头很能发墨，只是没有储水的地方。苏轼把这块石头拿给父亲苏洵看，苏洵也觉得奇异，接过石头端详后说：“这是上天赐予你的砚台，已经具备了砚台的品质，只是形态还不够完美。”苏洵让苏轼珍藏这块石头，并满怀喜悦地道："是文字之祥也。"望子成龙的苏洵认为这是儿子文章显达的祥瑞之兆，还按照这块石头的形状精心雕刻了一只匣子，用以装载石头。

从此，苏轼极为珍爱这块"天砚"，一直随身携带。数十年光阴倏忽而过，元丰七年（1084 年），苏轼四十九岁时，把天砚连同父亲亲手雕刻的砚匣，一同传给了儿子苏迨和苏过，并写下《天石砚铭》以记之。

十八岁时，苏轼已经成长为眉清目朗、身材颀长的少年郎。这一年，他娶了老师王方的女儿王弗。王弗知书达礼，有妻子为伴，苏轼得以更专注地扎进书堆读书。

二十岁时，苏轼已精通经传历史。他非常喜欢贾谊、陆贽之书，再加上父亲关于六经的教育，他已经具有了较为深厚的儒家修养。对于道家学说，苏轼也深得其精义，尤爱《庄子》。苏洵喜与名僧交游，程夫人笃信佛教，这也使得苏轼少年时就开始阅读佛经，与禅宗有了初步接触。后来的岁月里，苏轼对儒、道、释三家都有了极深的造诣。

1056 年，二十一岁的苏轼和父亲苏洵、弟弟苏辙，第一次走出眉山，告别故乡，远赴京城汴梁（今河南开封），去奔赴他们人生的星辰大海。苏洵、苏轼、苏辙三苏从此天下闻名。

1057 年，已蟾宫折桂的苏轼和弟弟、父亲返回眉山，为去世的母亲程夫人守丧二十七个月。1066 年，三十一岁的苏轼将父亲及妻子的灵柩带回眉山，再为父亲守丧二十七个月。1069 年，三十四岁的苏轼离开眉山，回到朝廷。从此，故乡邈远，归思难收。

熙宁七年（1074 年）春，苏轼在润州京口收到自家乡寄来的一封书信，信中亲友殷殷询问他的归期，苏轼胸中便忽然涌起了酒一般醇厚的乡愁。他遥望西南方向，作了一首《蝶恋花》：

雨后春容清更丽。只有离人，幽恨终难洗。北固山前三面水。碧琼梳拥青螺髻。

一纸乡书来万里。问我何年，真个成归计。白首送春拚一醉。东风吹破千行泪。

蟾宫折桂

宋代重文轻武，上至帝王将相，下到平民百姓，崇文风气十分浓厚。宋真宗赵恒还特地写过一首《劝学诗》，倡导天下之人好学读书：

富家不用买良田，书中自有千钟粟。
安居不用架高堂，书中自有黄金屋。
出门莫恨无人随，书中车马多如簇。
娶妻莫恨无良媒，书中自有颜如玉。
男儿欲遂平生志，六经勤向窗前读。

这首诗通俗易懂，从功利的角度阐明，普通老百姓想要改变自己的命运，想得到金钱、爱情、名誉，就必须认真学习并学有所成。直到千百年后，这首诗还作为俗语在民间广泛流传，成为“读书有用论”的代表性话语。

为了实现自己的理想和抱负，苏轼必须离开自己的家乡，走向更广阔的天地，做一个“京漂”人士。父亲苏洵也清醒地认识到了这一点。他虽然自己屡第不仕，却并未反感科举，依然明白科举是读书人出人头地的唯一机会。于是，嘉祐元年（1056 年）三月，年轻的苏轼与苏辙，在父亲苏洵的带领下，自西蜀之地一路东下，终于在嘉祐二年（1057 年）五月，抵达了梦想之地汴梁。

赴京之前，他们来到了成都，拜访益州知州张方平。张方平也是个文学家，他幼时颖慧过人，有过目不忘之能，后曾担任翰林学士知制诰和御史中丞等职，于至和元年（1054 年）被派到成都任益州知州。到了地方上，他依然求贤若渴，时刻不忘为朝廷举荐人才。有人向他推荐了苏洵。于是，苏洵就这样认识了张方平，并为他所看重。苏洵此次成都之行，就是要把两个才华横溢的儿子介绍给张方平。

果然，张方平读了苏轼、苏辙的作品之后，大为惊奇，极是赞赏，甚至以“国士”称之。张方平支持苏洵父子进京赶考，还为他们准备了路费，并给时任翰林学士欧阳修写了一封推荐信。而张方平与欧阳修，素来政见不和，其实并无交情，但他相信欧阳修同样惜才爱才，因此毫无顾虑地写了这封信。三苏便怀揣着张方平的推荐信，以及雅州知州雷简夫的推荐信，怀着对未来的憧憬，向着远方的汴梁出发了。

当时，汴梁无疑是世界上最为美丽的都市之一，令全国士子心驰神往。孟元老曾在《东京梦华录》中记录了种种繁华往事："四野如市，往往就芳树之下，或园囿之间，罗列杯盘，互相劝酬。都城之歌儿舞女，遍满园亭，抵暮而归。"暮春孟夏时节，汴梁花开如海，芬芳倾城，"牡丹、芍药、棣棠、木香种种上市，卖花者以马头竹篮铺排，歌叫之声，清奇可听。晴帘静院，晓幕高楼，宿酒未醒，好梦初觉"。

年轻的苏轼站在汴梁的街道之上,用新奇之眼打量着眼前的一切。他踌躇满志，信心满满，确信自己一身的才华，马上就要迎来最好的舞台了。

这年八月，苏轼与苏辙参加了开封府进士初试，首战告捷。第二年早春二月，苏氏兄弟又参加了礼部举行的省试。考试的主考官是当时的"天下文宗"、文坛领袖欧阳修。

欧阳修在这场考试中发起了古文运动，坚持以古文、策论为主命题，诗赋为辅命题，积极选拔平易畅达、言之有物的文章，淘汰浮华奇涩却空洞无物之作，希望能更新标准，变革文风。副考官中，有梅尧臣、王珪、韩绛等人。梅尧臣号称宋诗"开山祖师"，其他人也身居高位，极富文名。

苏轼此次考试所作文章题为《刑赏忠厚之至论》，先由梅尧臣阅卷。梅尧臣看后惊喜不已，以为有"孟轲之风"，连忙推荐给欧阳修。欧阳修读了也眼前一亮，"以为异人"，准备将此文作者录为第一名。

但欧阳修又怀疑作者可能是曾巩。曾巩是欧阳修的得意门生，天资聪颖，十二岁便能作文，十八岁随父赴京，二十岁入太学，上疏欧阳修并献《时务策》，获得欧阳修赏识，声名鹊起。王安石也赞他"曾子文章众无有，水之江汉星之斗"。但曾巩擅长策论，轻于应举时文，所以一直屡试不第，郁郁不得志。直到欧阳修主考，以古文、策论为主，曾巩才能发挥其所长。这一年他已经三十九岁了。在欧阳修心目中，天下才俊之中，能把文章写得如此之好的，只有曾巩。

于是，为了避嫌，欧阳修把这篇佳作放在第二。及至最终名单公布，欧阳修才发现文章作者不是曾巩，而是眉山苏轼。欧阳修只道自己学生曾巩的文章天下第一，没有想到蜀地还有如此锐气逼人的青年才俊，非常惊喜。

这篇让欧阳修和梅尧臣赞叹不已的策论如下：

尧、舜、禹、汤、文、武、成、康之际，何其爱民之深，忧民之切，而待天下以君子长者之道也！有一善，从而赏之，又从而咏歌嗟叹之，所以乐其始而勉其终。有一不善，从而罚之，又从而哀矜惩创之，所以弃其旧而开其新。故其吁俞之声，欢休惨戚，见于虞、夏、商、周之书。成、康既没，穆王立，而周道始衰，然犹命其臣吕侯，而告之以祥刑。其言忧而不伤，威而不怒，慈爱而能断，恻然有哀怜无辜之心，故孔子犹有取焉。

《传》曰："赏疑从与，所以广恩也；罚疑从去，所以慎刑也。"当尧之时，皋陶为士，将杀人，皋陶曰"杀之"三，尧曰"宥之"三，故天下畏皋陶执法之坚，而乐尧用刑之宽。四岳曰"鲧可用"，尧曰"不可，鲧方命圮族"，既而曰"试之"。何尧之不听皋陶之杀人，而从四岳之用鲧也？然则圣人之意，盖亦可见矣。

《书》曰："罪疑惟轻，功疑惟重。与其杀不辜，宁失不经。”呜呼，尽之矣。可以赏，可以无赏，赏之过乎仁；可以罚，可以无罚，罚之过乎义。过乎仁，不失为君子；过乎义，则流而入于忍人。故仁可过也，义不可过也。古者赏不以爵禄，刑不以刀锯。赏之以爵禄，是赏之道行于爵禄之所加，而不行于爵禄之所不加也。刑之以刀锯，是刑之威施于刀锯之所及，而不施于刀锯之所不及也。先王知天下之善不胜赏，而爵禄不足以劝也；知天下之恶不胜刑，而刀锯不足以裁也，是故疑则举而归之于仁。以君子长者之道待天下，使天下相率而归于君子长者之道。故曰：忠厚之至也。

《诗》曰：“君子如祉，乱庶遄已。君子如怒，乱庶遄沮。”夫君子之已乱，岂有异术哉？时其喜怒，而无失乎仁而已矣。《春秋》之义，立法贵严，而责人贵宽。因其褒贬之义，以制赏罚，亦忠厚之至也。

这篇文章立意高远，体现儒家以“仁”治天下的政治理想，符合当时的主流观点，充满了正能量。文章思路清晰，结构完整，运用了例证法、引证法、对比法、分析法等众多论证方法，语言简洁明快，一气呵成，读起来痛快淋漓。

不过其中还有个小插曲，苏轼在文中写道：“当尧之时，皋陶为士。将杀人，皋陶曰‘杀之’三，尧曰‘宥之’三。故天下畏皋陶执法之坚，而乐尧用刑之宽。”意思是尧帝时代，司法官皋陶三次判处一个犯人死刑，而尧帝却三次赦免了他。因此天下人都畏惧皋陶执法之严，而乐见尧帝用刑之宽。欧阳修与梅尧臣欣赏苏轼此文，却不知这几句话的出处。苏轼后来上门拜访欧阳修时，欧阳修即以此问苏轼，苏轼回答说："出自《三国志·孔融传》。"欧阳修马上翻书找出处，但翻找《三国志》后仍没找到，于是又问苏轼，苏轼笑道："曹操灭袁绍，以袁绍儿子袁熙的妻子甄宓赐给儿子曹丕。孔融不满，因此说：'周武王伐纣，以妲己赐周公。'曹操便问孔融出于何典，孔融答：'以今度之，想当然耳。'"欧阳修这才明白，苏轼文中此典也是"想当然耳"。当然欧阳修不介意，仍是十分欣赏苏轼，并说："此人可谓善读书，善用书，他日文章必独步天下。"

欧阳修既是苏轼的主考官，二人便有了师生之谊。按惯例，苏轼给欧阳修写了一封信，这就是《谢欧阳内翰书》。苏轼在这封信里除了表达感谢之外，还明确表示，他要追随欧阳修，重振文坛、改革文风：

轼窃以天下之事，难于改为。自昔五代之余，文教衰落，风俗靡靡，日以涂地。圣上慨然太息，思有以澄其源，疏其流，明诏天下，晓谕厥旨。于是招来雄俊魁伟、敦厚朴直之士，罢去浮巧轻媚、丛错采绣之文；将以追两汉之余，而渐复三代之故。士大夫不深明天子之心，用意过当，求深者或至于迂，务奇者怪僻而不可读。余风未殄，新弊复作。大者镂之金石，以传久远；小者转相摹写，号称古文。纷纷肆行，莫之或禁。盖唐之古文，自韩愈始。其后学韩而不至者为皇甫湜，学皇甫湜而不至者为孙樵。自樵以降，无足观矣。

伏惟内翰执事，天之所付以收拾先王之遗文，天下之所待以觉悟学者；恭承王命，亲执文柄，意其必得天下之奇士，以塞明诏。轼也远方之鄙人，家居碌碌，无所称道。及来京师，久不知名，将治行西归，不意执事擢为第二。惟其素所蓄积，无以慰士大夫之心，是以群嘲而聚骂者，动满千百。亦惟恃有执事之知，与众君子之议论，故恬然不以动其心。犹幸御试不为有司之所排，使得搢笏跪起，谢恩于门下。闻之古人，士无贤愚，惟其所遇。盖乐毅去燕，不复一战；而范蠡去越，亦终不能有所为。轼愿长在下风，与宾客之末，使其区区之心，长有所发。夫岂惟轼之幸，亦执事将有取一二焉。不宣。

欧阳修读到这封信后，又一次赞不绝口，感叹道："读苏轼的这封信，不觉汗出，快哉！老夫当避此人，放出一头地。"他对自己的儿子说道："等过三十年后，没有人知道我了。"此言的意思是，那时文坛将是苏轼的天下！

接下来是宋仁宗亲自主持的殿试，在崇政殿举行。三月十一日放榜，苏轼、苏辙皆轻松中举，获进士出身。榜中考生阵容相当强大，另外还有章惇、曾布、吕惠卿、程颢和郑雍等人，这些考生后来都成了高官名臣。章惇在这场科举之中并未考过自己的族侄章衡，他素来高傲自负，深以此为耻，于是干脆违抗皇命，放弃进士称号。两年以后，他重新参加科举，以第五名的好成绩又考中一个进士。曾布是曾巩的弟弟，后来也官至宰相。他的妻子名叫魏玩，被理学家朱熹称宋代唯一能和李清照媲美的女诗人，其诗词上的功夫并不亚于曾家兄弟。

得知两个儿子双双中举的喜讯之后，屡试不第的苏洵不禁感叹："莫道登科易，老夫如登天。莫道登科难，小儿如拾芥。"要说登科容易吧，苏洵考了那么多次，从年轻到年老就是考不中，要说登科难吧，两个初出茅庐的小子一考就中。苏洵认为自己不适合考试，虽然终于成了学霸，却不是一个考霸，但两个儿子是学霸加考霸。

苏洵虽然没参加考试，但他带着张方平的推荐信拜访了欧阳修，欧阳修读了苏洵作品《权书》《几策》后，认为其辞辩宏伟，“博于古而宜于今”，即使贾谊、刘尚亦不过如此。于是欧阳修将苏洵的二十二篇文章推荐给朝廷，并作《荐布衣苏洵状》。苏氏父子一日之内名动京师，文章传遍天下。

苏轼和苏辙随父亲拜谢欧阳修。欧阳修认为苏轼是这一辈年轻人中最为杰出的人物，对其寄予厚望，希望苏轼继他之后肩负起领导文坛的重任。从此苏轼终于得以正式拜幼时倾慕的名臣欧阳修为师，终其一生，苏轼都对欧阳修执弟子礼，并继承了他的文学思想和政治主张。

欧阳修向来爱才，乐于提携后进，立刻把苏轼介绍给了宰相文彦博、富弼，枢密使韩琦等人，迅速将他带入了当时士大夫社会的核心圈子。这些苏轼在幼时就听闻过的名臣前辈对苏轼也是赞誉有加，使苏轼很快成为朝堂所瞩目的青年才俊。

苏轼唯一遗憾的是范仲淹已经去世了，不得一见。他读到范仲淹墓碑的碑文，为其“先天下之忧而忧，后天下之乐而乐”的精神所感动，想起十五年前曾读到的石介所作的《庆历圣德》诗，不禁落泪叹道：“不能见到范公一面，岂非命也！”后来他陆续认识了范仲淹的三个儿子，范纯仁、范纯礼、范纯粹，与他们一见如故，结成挚友。范纯仁、范纯礼都曾做过宰相，范纯粹也身居高位。在他们的托付下，苏轼为范仲淹的遗稿《范文正公文集》作了一篇序。

就在苏氏父子春风得意之时，意想不到的噩耗从老家传来：苏轼的母亲程夫人去世了。

程夫人的去世跟苏八娘的死或有关系。八娘是苏轼的姐姐，仅比他大一岁，苏洵与程夫人疼爱不已，视其为掌上明珠。八娘和两个弟弟一起读书，聪明好学，性格开朗，常常能作出让苏洵也觉得惊喜的好文。八娘十六岁时，嫁给程夫人兄长程浚之子程之才，但这看上去亲上加亲的婚姻并不幸福。八娘婚后第二年生有一子，第三年便因受夫家虐待而深感抑郁，再加上生产时不顺，染上重病。程家却不予诊治，苏洵得知后大怒，夫妇俩将八娘接回家治疗。八娘病情刚有起色，程家却以“不归觐”为由将她的孩子夺走，以致八娘急怒攻心，旧病复发，三日便亡，死时才十八岁。

精心培养的才女女儿竟遭此惨剧，苏洵痛苦不已，一直自责自己把女儿嫁给了“州里之大盗”，并作文以记之。苏家与程家也从此断了往来。程夫人丧女本已痛苦，而她不能再回到娘家，这又加剧了她的悲伤，心情抑郁，加之常年操劳，竟致早逝，辞世时年仅四十八岁。还没来得及听到三苏的好消息，她就永远离开了。这也成了苏轼生命中不可弥补的遗憾。

接到消息后，父子三人如遭雷击，他们立刻动身，赶回眉山，连京城的朋友也没有来得及告别。苏洵回乡后，在眉山“老翁泉”的旁边寻了一地，厚葬了程夫人，将此处定为苏家坟地，并交代儿子，等他逝世之后将他与妻子合葬。从此他以“老翁泉”为号，因此后世人们都称他为“苏老泉”。

苏洵对妻子的逝世深感悲痛，如果不是妻子里外操持，他哪里能够安静下来全心投入地读书呢？这些年家中生计也是妻子维持，他并未尽过多少做丈夫的责任，如今眼看父子三人出人头地，妻子却撒手人寰，这叫他如何能按捺下对妻子的思念与愧疚？他写下一篇《祭亡妻文》，抒发自己的万般不舍："与子相好，相期百年。不知中道，弃我而先……"

苏轼后来请了司马光为程夫人写《墓志铭》，司马光作《武阳县君程氏墓志铭》，给予程夫人高度评价："贫不以污其夫之名，富不以为其子之累；知力学，可以显其门，而直道，可以荣于世，勉夫教子，底于光大。"不愧为古代一贤母。按照当时的习俗，苏氏兄弟在家为母亲守孝二十七个月。

嘉祐四年（1059 年）十月，在朝廷一再召命下，三苏决定再度前往京城。这一次，苏轼和苏辙都带上了自己的妻子，苏轼的长子苏迈此时也已经出生几个月了。此次赴京，不走陆路，而改走水路，从四川嘉州（今四川乐山）到湖北江陵，一路顺流而下，航行两个月，途经十一个州郡二十六个县。此次出行，三苏一路航行，一路写诗，饱览沿岸的美景，心情颇为轻松畅快。

十月六日，苏家一行人来到眉山下游的嘉州，继而来到岷江之滨的犍为小城。犍为有一家私人藏书楼，主人姓王，藏书已历七世，其藏书之富，令人叹为观止。三苏慕名前去拜访，但主人刚好不在。苏轼写诗以记之："云是昔人藏书处，磊落万卷今生尘。"

二十年后，苏轼与这藏书楼又重续前缘。彼时苏轼贬谪黄州，偶然的一个机会，认识了王齐愈、王齐万两兄弟。他们就是犍为藏书楼的主人，并已将藏书楼的大量书籍带出，居于黄州对岸的鄂州。苏轼大喜，从此时常从王家借书，一解当年之遗憾，王氏兄弟与苏轼也成为至交好友，苏轼还为他们写过好几首诗，赞其“塞江流柿起书楼，碧瓦朱栏照山谷”，并为能与他们“与君饮酒细论文，酒酣访古江之渍”而激动不已。

这一日，船只来到了巫峡。巫峡景色幽美如画，神女峰、起云峰、登龙峰、圣泉峰等巫山十二峰层峦叠翠，大自然的鬼斧神工历来让文人墨客惊叹不已，自然也倾倒了苏家父子。

苏轼特地登上飞凤峰的神女庙去观看神女峰，不由得心旷神怡，写下《巫山》，盛赞神女峰的绰约风姿：“遥观神女石，绰约诚有以。俯首见斜鬟，拖霞弄修帔。人心随物变，远觉含深意。”在苏轼眼中，有着无数飘忽瑰艳传说的神女峰，就如同一位身披霞光、绿鬟如云的曼妙女子，满含着无限情意，令人心旌摇曳。

登上船来，苏家继续前行。风轻舟快，两岸青山如同马群一般向后疾奔，数百座群峰倏忽而过。前头的山路瞬间变化万千，纷繁的后岭犹如受到惊吓奔跑。小径盘旋曲折，隐隐约约可以看到有行人在高处行走。苏轼在船中举手想和山中行人打下招呼，奈何所在的船只却像飞鸟一般往南驰逐而去，转眼就见不到人了。于是，苏轼写下《江上看山》以记之：

船上看山如走马，倏忽过去数百群。
前山槎牙忽变态，后岭杂沓如惊奔。
仰看微径斜缭绕，上有行人高缥缈。

舟中举手欲与言，孤帆南去如飞鸟。

嘉祐四年（1059 年）十二月八日，苏家人顺利抵达江陵。其间，苏轼将父子三人沿途所写诗文 100 篇编为一册，题为《南行前集》。其中苏轼的作品最多，共有 42 篇，差不多占了一半。《南行前集》里的诗歌是苏轼最早的存世作品，此诗集之前的苏轼诗歌并没有流传下来。时年二十四岁的苏轼，在《南行前集》的序言里简要叙述了自己已经趋于成熟而深刻的文艺思想：

夫昔之为文者，非能为之为工，乃不能不为之为工也。山川之有云雾，草木之有华实，充满勃郁，而见于外，夫虽欲无有，其可得耶！自少闻家君之论文，以为古之圣人有所不能自已而作者。故轼与弟辙为文至多，而未尝敢有作文之意。己亥之岁，侍行适楚，舟中无事，博弈饮酒，非所以为闺门之欢。而山川之秀美，风俗之朴陋，贤人君子之遗迹，与凡耳目之所接者，杂然有触于中，而发于咏叹。盖家君之作，与弟辙之文皆在，凡一百篇，谓之《南行集》。将以识一时之事，为他日之所寻绎，且以为得于谈笑之间，而非勉强所为之文也。

苏轼强调，写文章贵在“自然”，不能为了作文而作文，而是胸中充溢的情感不得不发之于外，便如山川云升雾起，草木开花结果一般，“充满勃郁，而见于外”，因此水到渠成。文章应于谈笑之间得之，轻松地挥洒成文，而并非勉强写就，刻意为之。这也是苏轼一生所信守的创作原则。

此次回京，苏洵买了房，苏家终于在京城有了一方安身之所。住所清幽寂静，厅前有小花园，园子里可种果蔬，还栽有槐柳，如同山居的生活一般，充满野趣。一家人在这里生活，度过了一段舒心惬意的时光。

过了段时间，苏轼和苏辙参加了吏部主持的授官前综合考评，皆顺利通过。苏轼被派任福昌县主簿，苏辙被派任渑池县主簿。二人对任职不满意，于是都放弃任命，继续等待消息。不久，难得一遇的制举考试开始了。

制举是宋朝人事考试中的大科，又称制科，专为选拔杰出人才，入选者极受优待，拥有更多的晋升机会，但不经常举行，选拔难度也远超科举考试。两宋 300 多年间，一共只举行了 22 次。宋仁宗时设了“贤良方正能直言极谏科”“才识兼茂明于体用科”等六科。

苏家兄弟决定参加制举考试，报的是“贤良方正能直言极谏科”。为了备考，兄弟俩搬到了怀远驿站，埋头读书复习，早起晚睡，不再外出。就连吃饭，他们吃的也是极其简单的“三白饭”，即白米饭、白盐巴、白萝卜。风雨之夜，他们依然挑灯夜读，相互探讨交流。窗外风雨交加，窗内却是其乐融融。并肩备考的日子，使得兄弟俩感情越发深厚。很多年后，苏辙回想起与兄长共同走过的这些日子，还倍感温馨，并在诗中引用唐代诗人韦应物的“安知风雨夜，复此对床眠”来怀念那段岁月。

嘉祐六年（1061 年）八月十七日，苏氏兄弟正式参加考试。考试有三个部分，一是由五十篇策论构成的“贤良进卷”；二是秘阁六论；三是御试对策。第一个部分由考前准备，第二、三部分则是临场写作。苏轼之前就挥洒了五十篇气势纵横的策论，包括《贾谊论》《晁错论》等名篇，此次制举考试也全部呈了上去。这些策论成为苏轼最早为人接受的散文作品，后来结为《东坡应诏集》刊刻。多年以后屡仕不第的秦观拜苏轼为师，苏轼指导秦观以“进卷”去应元祐年间的制科，使得本是婉约派代表人物的秦观成了当时策论的大家之一。

八月二十五日，宋仁宗在崇政殿亲自主持了御试。这次考试只有苏轼、苏辙和王介三人参加，考官除了仁宗之外，还有司马光、范镇、胡宿和蔡襄等人。考试结果出来，苏轼的考试成绩列入三等，苏辙和王介列入四等。宋人叶梦得《石林燕语》解释说：“制科分五等，上二等皆虚，惟以下三等取人。”也就是说，一等、二等是留给传说中的圣人的，三等就成了理论上的最好成绩。而且，自宋朝开国到苏轼所处的时代，制举考试获得三等的，只有苏轼和吴育两人。

司马光很欣赏苏氏兄弟，向宋仁宗上《论制策等第状》，给予了他们很高的评价，认为：“所陈国家大体，社稷至计，其间甚有可采择者。”宋仁宗回宫之后，高兴地向曹皇后炫耀：“今天我为子孙们选了两名太平宰相！”

这一年，苏轼才二十六岁。他又一次名动京城，得到皇帝、名臣以及文坛领袖的交口称赞。司马光作为兄弟俩的考官，也成为他们老师，跟苏轼保持了一辈子的至交友谊。

司马光年少成名，“司马光砸缸”的故事在当时就被绘成图流传，一直到现在也相当有名。《宋史》记载：“群儿戏于庭，一儿登瓮，足跌没水中，众皆弃去，光持石击瓮破之，水迸，儿得活。其后京、洛间画以为图。”司马光为人温良谦恭，治学极其勤奋，以“日力不足，继之以夜”自诩。

只有这年回京的“拗相公”王安石跟苏轼唱了反调：“苏轼的策论都是战国纵横类文章，如果我为考官，肯定不会录用他。”王安石当时为翰林院知制诰，是个笃实的经学家，不喜欢苏轼文章纵横雄辩之风。苏家三父子的策论都是这种风格，王安石对他们都不以为然，评价苏洵“机论衡策文甚美，然大抵兵谋权利机变之言也”。所以，欧阳修想把苏洵介绍给王安石认识时，苏洵果断拒绝了。

多年以后，苏轼在《蝶恋花·送潘大临》中回忆那个在京城意气风发的自己：“回首长安佳丽地。三十年前，我是风流帅。”掩饰不住得意地夸奖自己，三十年前在京城时，还真是一个英俊潇洒的非凡人物。

年轻的苏轼放眼望去，这世界，和自己一样，新鲜、清澈，且充满力量与激情。梦想定将实现，而抱负也必将施展，就如风行水上，无往不利。那时，他并不知道，他的未来，还要经历太多的沉浮，遭遇太多的挫折。

初涉政坛

嘉祐六年（1061 年）冬天，制举考试后，苏轼被派往陕西担任将仕郎、守大理寺评事、签书凤翔府节度判官厅公事，级别是从九品下，享受正九品待遇。这是苏轼中进士后第一次担任职务，自此开始了他漫长而曲折的仕途之路。在凤翔的三年，苏轼写下了 160 多篇诗词文章。

这个时候的苏轼已经名满天下，连皇帝对他也是寄予了厚望，德高望重的欧阳修又对他青睐加赏识。固执的王安石拒绝给苏辙写任命书，却给苏轼写了任命书，并给予了很高评价："尔方尚少，已能博考群书，而深言当世之务，才能之异，志力之强，亦足以观矣。"苏轼自然是踌躇满志，傲气满身。

苏轼之前来过凤翔，那次来时驿馆破败不堪，令他"不可居而出"。

而这次来凤翔，驿馆已焕然一新，如官邸，如庙宇，也如累世富人之家，客人们离开时，连赶路的马也回头望着马厩嘶鸣，仿佛不舍离开。苏轼颇感惊喜，于是便问馆吏，馆吏回答，这是新任凤翔知府宋选用了五十五天修葺而成的，工程量虽大，但效率极高，且没有惊动当地的百姓，百姓都不知晓这个事情。

苏轼对此深有感触，写下了一篇《凤鸣驿记》，赞叹宋选勤勉务实的作风，并认为，如果人人都乐于干实事，那么天下何愁治理不好呢？“尝食刍豢者难于食菜，尝衣锦者难于衣布，尝为其大者不屑为其小，此天下之通患也。”只有踏踏实实从身边小事上着手，才可以治理好天下，“躁则妄，惰则废”。苏轼此文，以小见大，说理透彻，放现在来看也很有启发意义。

宋选是一位宽厚长者，性格温和，与苏轼家是故交，对年纪轻轻却已才名卓著的苏轼十分欣赏，二人相处得甚是愉快。苏轼在凤翔的工作主要是核判五曹文书，另外还负责供应皇家土木、集运粮米和刍秣供给西部军需两大要务。他一到任便全身心投入工作，从不懈怠，“日夜厉精”。

苏轼所居官舍园内只有一棵槐树、一棵榆树以及一棵枣树而已。于是，待到稳定之后，苏轼一有闲暇就按照自己的设计来修建屋舍、穿池架亭，并于屋舍旁遍植桃树、杏树、松树等三十余棵，在池塘里养鱼种莲，还在池北种了一丛牡丹花，使得官舍瞬间明亮芬芳起来。苏轼为此事作《新葺小园二首》，诗中笑自己道：“三年辄去岂无乡，种树穿池亦漫忙。”苏轼精力充沛、生气勃勃，对生活怀有无比的热爱，向来都富有生活情趣，虽然知道自己在凤翔仅居三年，但还是很有归属感，还做了修屋建舍的长期打算。

第二年，凤翔遭遇了大旱，几个月都没有下雨，田地都干得龟裂了。古代有祈雨之俗。于是，宋选和苏轼便决定去太白山祈雨。苏轼为此还写了一篇文《凤翔府太白山祈雨祝文》。没想到真的下雨了，首先是飘了微微小雨，百姓并不满意。后来是倾盆大雨，一直下了三天三夜，终于解决了凤翔的旱灾。百姓们欢呼雀跃，官吏们也兴奋地在院子里一起庆祝。

恰巧此时府衙修成一座亭子，苏轼便以“喜雨”为名，称之为喜雨亭，并作《喜雨亭记》：

亭以雨名，志喜也。古者有喜，则以名物，示不忘也。周公得禾，以名其书；汉武得鼎，以名其年；叔孙胜敌，以名其子。其喜之大小不齐，其示不忘一也。

余至扶风之明年，始治官舍。为亭于堂之北，而凿池其南，引流种木，以为休息之所。是岁之春，雨麦于岐山之阳，其占为有年。既而弥月不雨，民方以为忧。越三月乙卯，乃雨，甲子又雨，民以为未足。丁卯，大雨，三日乃止。官吏相与庆于庭，商贾相与歌于市，农夫相与忭于野，忧者以乐，病者以愈，而吾亭适成。

于是举酒于亭上，以属客而告之，曰：“五日不雨，可乎？”曰：“五日不雨，则无麦。”“十日不雨，可乎？”曰：“十日不雨，则无禾。”无麦无禾，岁且荐饥，狱讼繁兴，而盗贼滋炽。则吾与二三子，虽欲优游以乐于此亭，其可得耶？今天不遗斯民，始旱而赐之以雨。使吾与二三子得相与优游而乐于此亭者，皆雨之赐也。其又可忘耶？既以名亭，又从而歌之，曰：

使天而雨珠，寒者不得以为襦；使天而雨玉，饥者不得以为粟。一雨三日，伊谁之力？民曰太守。太守不有，归之天子。天子曰不然，归之造物。造物不自以为功，归之太空。太空冥冥，不可得而名。吾以名吾亭。

苏轼到凤翔之后的第三年，即嘉祐八年（1063 年）正月，宋选离任，陈希亮被调任凤翔任知府。陈希亮，字公弼，跟苏轼是老乡，和苏家还是世交，与苏序同一辈分，比苏轼长了两辈。但他的个性跟宋选却大不一样，为人谨慎，不苟言笑，与跳脱开朗的苏轼合不来。而且陈希亮很看不惯苏轼的恃才傲物，经常打压他，这让苏轼非常不满。

苏轼在制举考试的时候中的是贤良方正能直言极谏科，因此有吏役便称呼他为“苏贤良”。陈希亮就斥责了称他“苏贤良”的人，认为苏轼小小一个判官并没有资格称得贤良，还把那吏役打了板子，这令苏轼很是尴尬。并且陈希亮对苏轼所作的文书也不太满意，经常对他所作的文书修改涂抹并加以批评。苏轼的文章是连皇帝都夸奖不已的，却被陈希亮如此看轻，素来心高气傲的苏轼很不服气，认为陈希亮故意苛责他，两人时有摩擦。苏轼赌气不赴府宴，中元节也不过知府厅，陈希亮对此不满，上奏朝廷，苏轼被朝廷罚铜八斤。苏轼与同僚去晋见陈希亮，陈希亮久久都不出来接见，同僚中有人便打起瞌睡来。苏轼见状，作下《客位假寐》诗讥讽陈希亮：

谒入不得去，兀坐如枯株。岂惟主忘客，今我亦忘吾。
同僚不解事，愠色见髯须。虽无性命忧，且复忍须臾。

两人关系的真正缓和，缘于苏轼给陈希亮写的一篇《凌虚台记》。陈希亮在终南山前开凿出一块方池，用挖出的土建造了一个高台，取名“凌虚”，并请苏轼为其写一篇文章，苏轼借题发挥，语含讥讽：

国于南山之下，宜若起居饮食与山接也。四方之山，莫高于终南；而都邑之丽山者，莫近于扶风。以至近求最高，其势必得。而太守之居，未尝知有山焉。虽非事之所以损益，而物理有不当然者。此凌虚之所为筑也。方其未筑也，太守陈公杖履逍遥于其下。见山之出于林木之上者，累累如人之旅行于墙外而见其髻也。曰：“是必有异。”使工凿其前为方池，以其土筑台，高出于屋之檐而止。然后人之至于其上者，怳然不知台之高，而以为山之踊跃奋迅而出也。公曰：“是宜名凌虚。”以告其从事苏轼，而求文以为记。

轼复于公曰：“物之废兴成毁，不可得而知也。昔者荒草野田，霜露之所蒙翳，狐虺之所窜伏。方是时，岂知有凌虚台耶？废兴成毁，相寻于无穷，则台之复为荒草野田，皆不可知也。尝试与公登台而望，其东则秦穆之祈年、橐泉也，其南则汉武之长杨、五柞，而其北则隋之仁寿，唐之九成也。计其一时之盛，宏杰诡丽，坚固而不可动者，岂特百倍于台而已哉！然而数世之后，欲求其仿佛，而破瓦颓垣，无复存者，既已化为禾黍荆棘丘墟陇亩矣，而况于此台欤？夫台犹不足恃以长久，而况于人事之得丧，忽往而忽来者欤？而或者欲以夸世而自足，则过矣。盖世有足恃者，而不在乎台之存亡也。”既已言于公，退而为之记。

苏轼此文记录了凌虚台建成的原因与过程，并就此发表言论，说事物的兴盛和衰败、历史的兴衰与成败从不以个人意志为转移，历史上无数华丽坚固的宫殿也转眼土崩瓦解，何况这一座小小的凌虚台呢？苏轼最后强调，如果有人想要以高台夸耀于世而自我满足，那就错了。世上确实有足以依凭的东西，但是与高台的存在与否并没有直接关系。这明显是针对陈希亮而发。

陈希亮看后，却没有生气，还让人原封不动地将此文刻在凌虚台旁的石碑上。他对其他人说，他是将苏轼看作自己的孙辈，见不得他太过于骄傲，因此想要敲打敲打他，让他踏实下来。至此苏轼才领悟到陈希亮的苦心，后悔自己总是和他争论。

多年以后，苏轼在《陈公弼传》中说：“轼官于凤翔，实从公二年。方是时，年少气盛，愚不更事，屡与公争议，至形于颜色，已而悔之。”评论他：“平生不假人以色，自王公贵人，皆严惮之。见义勇发，不计祸福，必极其志而后已。”后来苏轼和陈希亮的第四子陈慥更成为至交好友，经常和他开玩笑，还使他成为“河东狮吼”典故的主人公，成了惧内的代言人。

陈慥，字季常，虽父亲为官，但他只是个没有功名的布衣之士，苏轼赞他“使酒好剑，用财如粪土”，是个仗剑走天涯的“任侠之士”。陈季常慷慨爽朗，与他那个古板严肃的父亲完全不同。

这个让父亲头痛不已的浪子，却跟苏轼一见如故。苏轼第一次见到陈季常时，这个青年侠士正带着两名骑马的随从，背着箭筒，英姿飒爽地在西山游猎。只见前方一鹊飞起，随从赶紧追赶射鹊，一连射出好几箭，却未能射中。陈季常奋力策马独自冲出去，弯弓射箭，只发出一箭，便轻松射中飞鹊。苏轼后来为陈季常写传时，还一再提及他年轻时的这个场景。陈季常饱读诗书，却不去赴考，乐于自由自在的生活。他经常和苏轼谈论起用兵之道及古今成败之事，自认为是一代豪杰。

在凤翔，苏轼也与同乡画家文同结下莫逆之交。他在岐山下偶遇文同，自此缔结了终生不渝的友谊。文同，字与可，论起辈分来，文同还是苏轼的远房表兄。苏轼称赞文同有四绝，“诗一、楚辞二、草书三、画四”。文同则叹苏轼是自己生平第一知己：“世上无人知我，只有苏子瞻能见识吾之妙处。”后来熙宁初年，苏轼回乡丁忧后再回京，文同亦调到京师做集贤校理，两人几乎每日都相聚。苏轼还对恩师欧阳修诵读文同佳句：“美人却扇坐，羞落庭下花。”欧阳修笑道：“与可无此句，此句与可拾得耳！”欧阳修亦称赞文同，并言如此妙句，当是文同妙手偶得了。

文同性格开朗，淡泊名利，自谓“笑笑先生”，苏轼在《石室先生画竹赞（并叙）》中有过生动的阐述，描写出一个爱笑的文同，笑得连竹子也仿佛跟着笑了：“先生闲居，独笑不已。问安所笑，笑我非尔。物之相物，我尔一也。先生又笑，笑所笑者。笑笑之余，以竹发妙。竹亦得风，夭然而笑。”而文同在京城拜访苏轼时，写了一首《往年寄子平》，对他也做了一番有趣的描述，说他“虽然对坐两寂寞，亦有大笑时相轰”“书窗画壁恣掀倒，脱帽褫带随纵横”。两个爱笑的人凑在一起，自然是异常热闹。

在凤翔，苏轼还认识了一个朋友，是时任商州令的章惇。章惇早就心仪苏轼的为人与文采，所以专程来凤翔拜访苏轼。章惇相貌俊美，举止洒脱，二人很快成为好友。苏轼并不知道，在后来漫长的岁月里，这个朋友和他始终站在政治的对立面，曾拼尽全力地救过他，也曾不遗余力地陷害他。苏轼后半生的颠沛流离，竟有大半是拜他所赐。而在这个时候，他们把酒言欢，携手同游，很是亲近。

章惇博闻强记，学问精深，苏轼对章惇的才华很是欣赏，曾道："章子厚奇伟绝世，自是一代异人，至于功名将相，乃是其余的事。"苏轼为人耿直，从不作违心之语，对章惇的评价可谓极高。事实证明苏轼的眼光极为精准。章惇的确如此，精明强干、胆识过人，无论是在朝还是在野，均政绩斐然，后来更是位极人臣。

有一次，苏轼与章惇二人同游南山仙游潭，潭上只有一根横木作为独木桥，旁边是悬崖峭壁，俯视其壑，令人毛骨悚然。章惇请苏轼过去在岩壁上留下笔墨。苏轼见悬崖渊深万仞，战战兢兢，不敢过去。章惇便坦然不惊地走过木桥，再用由藤蔓制成的绳索一头系在树上，一头缠在腰上，用毛笔蘸着漆墨在石壁上写了几个大字——章惇、苏轼来游。回来之后，章惇浑若无事，面不改色。

苏轼用手拍拍章惇的背，感叹说："子厚往后得志，必定能杀人。"章惇问："为什么？"苏轼说："能舍命的人，必定能杀人。"一个人连自己的命都不爱惜，怎么会爱惜别人的命呢？章惇大笑。果然，后来他在政坛上，面对政敌毫不手软，甚至赶尽杀绝。

嘉祐八年（1063 年）三月二十九日，宋仁宗赵祯驾崩，宋英宗赵曙即位，年号治平。英宗是仁宗的养子，他继续重用仁宗时的大臣，朝政平稳。

这年十二月苏轼罢凤翔任，回汴京途中路过长安，与朋友董传小聚，彼时董传正在准备科举考试。家中贫困，他只穿着粗布衣服，但神情沉静，举止娴雅，掩不住一身书卷气。苏轼心有所感，便作了《和董传留别》诗赞美董传，并表达了对朋友一举中第的美好祝愿：

粗缯大布裹生涯，腹有诗书气自华。厌伴老儒烹瓠叶，强随举子踏槐花。

囊空不办寻春马，眼乱行看择婿车。得意犹堪夸世俗，诏黄新湿字如鸦。

这首诗真诚且亲切，用典巧妙，其中“腹有诗书气自华”一句流传尤广。苏轼所欣赏的，是作为读书人的董传身上自然散发的如玉一般温润的气质。

诗意江南

苏轼入朝判登闻鼓院后，曾经有一个平步青云的机会。宋英宗在做藩王时就对苏轼的名声有所耳闻，非常赏识他。即位后，英宗想用唐朝旧例召他进翰林院，管理制诰之事，主要任务就是为皇帝起草诏令，这个岗位是皇帝身边的重要位置，任用的通常是皇帝的亲信，是朝廷的重点培养对象，素有“内相”之称。

宰相韩琦却对此表示反对，劝英宗说，苏轼的才能的确极其杰出，将来自然会担当天下大任，但现在突然重用他，天下的士人未必心服。英宗又想暂时给苏轼修起居注一职，韩琦依然反对，提议授予他文化部门的职位，更能发挥其特长，而且还要再经过一次考试。英宗道：“考试是不知道其人能力如何才进行的。以苏轼的才华，难道还要考试吗？”但韩琦坚持如此。于是苏轼通过考试，得到了直史馆的职位。

韩琦的话后来传到了苏轼的耳中，苏轼却并不认为他在阻拦自己的仕途，而是体会到他的苦心，说："韩公是在用德行来爱护人哪。"

韩琦本是一番好意，想让苏轼经历沉淀和磨砺才挑上重担，不需如此年轻就进入国家行政机构的核心部门去承受太大压力。可惜政坛风云变幻，一年多后，英宗去世，神宗即位，韩琦本人也因受到弹劾愤而辞职。接着王安石开始变法，而苏轼与王安石政见相左，屡屡受挫，有宰相之才的苏轼便失去了走上宰相之位的可能性。

苏轼任职直史馆期间，得以尽情观赏揣摩名家字画和珍本古籍，对他的书画修养的积累大有裨益。韩琦的苦心并没有白费，这也是苏轼身居朝堂时难得的温情宁静之时光。他也得以与朝中前辈多加请教交流。

欧阳修对苏轼最为爱护。他的《新五代史》写完后，想要找人写序，第一个就想到了苏轼，但是苏轼知道老师喜欢曾巩，便说："曾巩是您最优秀的学生，您请他写吧。"当欧阳修找到曾巩，曾巩却说："苏轼都不作，我哪里够资格呢？"于是两个人谦让来谦让去，欧阳修有点不耐烦了，就找了另一个弟子陈师锡。陈师锡当仁不让，马上动笔写好了序。但这篇序文用词平平，苏轼看了之后不禁感叹，以恩师的文坛地位，就如泰山北斗，他和曾巩都不敢轻易动笔写序，陈师锡居然提笔就上，实在有些不知轻重。

不过苏轼虽然尊重欧阳修，却也并不刻意迎合这位一向爱护他、提携他的老师。两人探讨学问，欧阳修经常被苏轼驳倒，却毫不生气，还对苏轼思维的全面与深刻赞叹不已。

有一次，苏轼和欧阳修聊天，忽然问道："请问大人，您觉得《新五代史》可以传之后世吗？”欧阳修自信地说：“我作这本书，目的就是惩恶扬善。”

苏轼却道：“您的这本书连韩通的传都没有，恐怕达不到惩恶扬善的目的吧。”

欧阳修哑口无言。这应该是他被苏轼怼得最不留情面的一次。

韩通是什么人呢？他是后周的宰相，赵匡胤发动陈桥兵变时，韩通曾组织军队抵抗，最终失败被杀。赵匡胤登基后，念其忠义，追封他为中书令，以礼葬之。但他既然是后周的忠臣，那就是赵宋的逆臣，欧阳修怕触犯赵宋政权忌讳，就只好淡化处理。但苏轼认为，韩通是个忠臣，肯定是要名垂青史的，欧阳修却故意忽略他，这样做是不应该的，甚至是缺乏史学素养的。虽然欧阳修是苏轼的恩师，但是苏轼觉得不对的，也会直言不讳，这便是他的个性，他就是这样率真与坦诚的一个人。

幸好，年轻的苏轼遇上的是极其爱才的欧阳修，欧阳修并不把他的冲撞放在心上，反而对他更加欣赏，这一定程度上也保护了苏轼天真的文人气。

可惜幸福时光转瞬即逝。仅仅过了半年，苏轼的妻子王弗就因病去世，年方二十七岁，幼子苏迈才六岁。苏轼从未想过会这么快与妻子离别，他甚至都来不及给妻子写下一些诗词文章。妻子逝世不到一年时，还未等他从悲痛中恢复过来，五十八岁的父亲苏洵也病逝了。

苏洵当时作为文学大家已经声名鹊起，因此来吊唁的高官与文人络绎不绝。苏轼特地请来老师欧阳修给父亲作墓志铭。欧阳修在墓志铭里回忆了苏轼中举时三苏的高光时刻：“眉山在西南数千里外，一日父子隐然名动京师，而苏氏文章遂擅天下。”他称苏洵之文“博辩宏伟，读者悚然想见其人”，并赞其“可谓纯明笃实之君子”。朝廷安排了官船，苏轼和弟弟一起将父亲与妻子的灵柩运回故里。在父亲生前指定的老翁泉附近，苏轼将父亲与母亲合葬，又将深爱的妻子葬于父母墓侧，并在他们的墓旁栽种了三千棵郁郁青松。兄弟俩还请来僧人，给父亲建造了一座庙，以表纪念。苏轼将自己珍藏的四幅吴道子名画供奉其中。

在整理父亲遗物时，苏轼发现了父亲写祖父苏序生平的几页残稿，于是便代父写完，是为《苏廷评行状》。苏轼写信给曾巩，求其为祖父撰墓碑文，于是曾巩作《赠职方员外郎苏君墓志铭》。

兄弟俩又在家乡居丧二十七个月，直到熙宁元年（1068 年）的下半年。此后，苏轼续娶了王弗的堂妹王闰之为妻，彼时她刚刚二十一岁。他的漫漫人生路上，终于又有了一个贴心的伴侣。王闰之温柔细心、事事熨帖，照料着苏轼的起居，包容着苏轼的天真与任性，成为他的贤内助。

而这个时候，汴京正风起云涌，治平四年（1067 年），宋英宗因病驾崩，长子宋神宗赵顼即位，时年二十岁，改年号为熙宁。渴望能有一番作为的年轻皇帝起用自己老师韩维强烈推荐的王安石为相，为时十七年的王安石变法徐徐拉开序幕。熙宁二年（1069 年）初，苏轼还朝任职，以殿中丞直史馆判官告院，一切却都不再是他熟悉的样子。

宋神宗全力支持王安石推行新法，认为“励精图治，将大有为”，盼望着这次改革能解决北宋所面临的重重危机。新法的主要内容可分为理财与整军两类，主要目的是富国强兵。王安石主张政府积极干预甚至全面管理商品经济，思维超前，意义重大，但是以行政措施代替商业运行，又违背了经济规律，表现出改革者的局限性。这次改革使得北宋朝廷出现了最严重的党派斗争，给整个宋朝的发展都带来了巨大的影响，这是宋神宗和王安石始料不及的。

当时中书省有五名执政大臣，被戏称为“生、老、病、死、苦”。曾公亮已年近古稀，富弼反对变法称病不出，唐介在变法刚开始时就病死了，赵抃终日叹息、成天叫苦，只有王安石一人有生气，在不知疲倦地推行变法，实际上已总揽大权。欧阳修极力向神宗推荐司马光，言其“德性淳正，学术通明”，神宗便任司马光为翰林学士，不久，又任司马光为御史中丞。于是，以司马光为首、反对变法的旧党，和王安石所领导的支持变法派新党进行了激烈的交锋。

司马光比王安石大了两岁，两人曾共事过，私交甚好，可以说是挚友。司马光赞王安石“才高而学富，难进而易退”，王安石赞司马光“司马十二，真君子也”，但政治立场上却是针锋相对，水火不容。两人偏偏个性又都有相似之处，那就是严肃又固执。王安石尤其固执，因此得了个“拗相公”的称号。关于王安石的固执，还有很多趣事流传。他年轻时，曾和司马光同为群牧司判官，是包拯的下属。有一次，包拯院中牡丹盛开，兴高采烈地邀请王安石和司马光同来赏花，并给他们敬酒。司马光虽素来不爱喝酒，但依然给了领导面子勉强喝下，而王安石死活不喝、滴酒不沾，弄得包拯下不了台。

王安石的才学，算得上是当时的顶尖水平。他潜心经学，创“荆公新学”，哲学上以“五行说”阐述宇宙生成，以“新故相除”推进辩证法，文学上更是诗词文皆精。他写文位列“唐宋八大家”之一，写诗创“王荆公体”，写词虽不多，质量却很高，连苏轼都对他钦佩不已。后来王安石在江宁（今江苏南京）写了一首《桂枝香·金陵怀古》，被认为“最为绝唱”，苏轼叹服：“此老乃野狐精也。”

王安石的人品更是无可挑剔。连政敌都赞扬他“平生行止，无一污点”，他积极变法也完全是出于报国的一片赤诚，并无私心。当时宋朝士大夫纳妾成风，连苏轼都不能免俗。王安石只有一个妻子，没有小妾，而且王安石也从没有想过纳妾。有一次他夫人给一个女子赎身，让她给王安石当妾。王安石知道后，立刻把女子送回家了。

王安石全心都扑在政事上，个人生活十分简朴。有一次，友人给王府送来几块鹿肉，夫人正纳闷，友人就说前两天和王安石吃饭，他把一盘鹿肉都吃完了。夫人听闻大笑，她告诉友人，王安石吃饭只吃面前的那盘菜，换上其他菜也一样。友人不信，试了一次，果然如此。又有一次，有人送王安石古铜镜和古砚台两件珍贵古玩作为礼物，王安石看了却说：“我用不着。我平日不照镜子，写字也有水磨墨汁。”就把礼物退回去了。

大概王安石唯一的缺点，就是太过不修边幅。他长期不洗脸、不洗澡，衣服上都是汤汁油渍，是为“荆公终日不梳洗”。他有一次因为自己脸黑去问医，得到的回答是：“此垢污，非疾也。”医者还给了他几颗澡豆，要他马上洗脸。他的朋友们也受不了，互相约好，每隔一两个月就把他拎来洗刷干净，称之为“拆洗王介甫”。王安石洗澡出来，看到朋友准备好的新衣服就顺手穿了，也不在意是谁的。

苏洵与王安石不和，曾写过一篇《辨奸论》，王安石没有什么可攻击的，苏洵只好抓住他不修边幅这一点猛烈批评，说他“衣臣虏之衣，食犬彘之食，囚首丧面，而谈诗书”因而是“大奸”，显然牵强附会。

王安石为人正直、清正廉明，是个真正的君子，他想要实施改革与变法，其用意是好的。他所钦佩的变法者就是商鞅。尽管变法者的结局大多悲惨，但王安石依然希望能实现富国强民之梦，为此，他全力以赴，哪怕付出任何代价也在所不惜。他曾写过一首《商鞅》诗，颂扬商鞅取信于民的行为，以及坚决变法的决心：

自古驱民在信诚，一言为重百金轻。
今人未可非商鞅，商鞅能令政必行。

但是，新法在思想上太过激进，王安石又自视甚高、急于求成，不管实际情况，无视一切劝说，强硬推行新法，不免流弊自生。满朝臣子，在他眼里，不是庸人，就是奸人，他谁也看不上。王安石口才极好，擅长辩论，在朝堂之上与人争论时几乎所向披靡，话不投机时他就斥责：“你们就是读少了书！”朝中重臣欧阳修、富弼、韩琦等都自动辞官或者被逐出朝廷。旧党之首司马光也被迫退出官场到洛阳闲居，埋头编写《资治通鉴》，“自是绝口不言事”。

王安石因为坚持变法，性格固执，几乎把自己的好友和前辈都得罪光了。他虽然勤政，但毕竟精力有限，需要有人协助，于是只得提拔大量的年轻人，包括与苏轼同年中进士的吕惠卿、曾布、章惇，不免又起用了一些表面上支持新法、实际上谋取高官厚禄的小人，如李定、舒亶等。“所用非人”，这是王安石变法最终失败的最大症结。

苏轼此时才三十出头，官职并不高，根本不能与王安石抗衡，可他不顾自己人微言轻，依然坚决地发出了反对之声。他连续上了几道奏折，并作《上神宗皇帝书》《再上神宗皇帝书》，据理献策，言辞激烈，力陈新法之弊，但基本上都如同石沉大海，毫无音讯。宋神宗和王安石都置之不理。

此时，苏轼与王安石两人关于学问上争斗、辩论的趣事很多。苏轼仗着自己博闻强记、才思敏捷，经常怼得王安石气也不是，笑也不是。王安石沉迷于研究汉字，把汉字拆解、释义，并作《字说》二十四卷，自称“平生精力、尽于此书”。苏轼对此很不以为然。王安石说“波”为水之皮，苏轼便笑问“滑”字是什么，难道是水之骨？王安石不能回答。苏轼又说，以犇、麤二字为例，牛比鹿壮，鹿比牛谁跑得快，那为什么三个“牛”组成的“犇”字是跑得快的意思，而三个“鹿”字组成的“麤”字却是粗壮的意思呢？王安石无言以对。怼得多了，王安石也恼了，对神宗说苏轼“才亦高，但所学不正”。

王安石爱惜人才，虽然因苏轼反对新法而震怒，但并没有太难为苏轼。他让苏轼担任开封府推官，“意以多事困之”，使之无暇顾及朝政，反对新法。但苏轼办事效率奇高，“决断精敏，声闻益远”，继续议政。苏轼甚至利用担任进士殿试编排官的机会，作《拟进士对御试策》进呈，矛头直指王安石，暗示王安石独断专行，并将策问内容引向对“新法”的攻击，反而让敬重王安石的神宗对他颇有不满。

很快，苏轼遭到了人生中第一次弹劾。熙宁三年（1070年）八月，王安石的姻亲谢景温上奏朝廷，弹劾苏轼，说苏轼当年护送父亲灵柩回乡之时，在船内贩卖私盐等物品，从中牟利，且向地方官借用兵卒。

御史台立刻雷厉风行地逮捕了很多人，包括当时送苏氏兄弟回乡的船夫，摩拳擦掌地准备调查此事。

司马光听说后，担心苏轼会因此而下狱，匆匆忙忙地赶回京城，求见神宗。神宗对司马光也极为敬重，接见了他，并询问苏轼人品到底如何。司马光力证苏轼清白，并说昔日苏轼丧父时，韩琦送他三百两银子，欧阳修送他二百两银子，他都谢绝了。现在有人说他贩卖私盐，这怎么可能？况且弹劾苏轼的谢景温正是王安石的人，根本不可信。另外，要说人品，苏轼的人品比李定好多了，李定不服母丧，禽兽不如，王安石竟提拔这种小人，为什么要针对苏轼呢？神宗听了后，对司马光说："苏轼非佳士，你看错他了。"神宗如此评价苏轼，说明苏轼对新法的攻击已经让神宗对他的印象不佳了。

于是，在司马光的出面干涉下，针对苏轼的第一次弹劾，就这样悄无声息地化于无形了。苏轼知道自身已不见容于朝廷，只好于熙宁四年（1071 年）自求外放，王安石想将苏轼派去颍州，神宗却让苏轼调任杭州通判。

苏轼赴杭州通判任途中，曾经过苏州。他在苏州饮了一场酒，酒醉之后散乱着头发，倚靠着栏杆，眼前是风月无边的江南美景。旁人扶着他前行，他感到自己仿佛要走进仙境一般。正是冬季，衰草连天，众人从水路取道苏州。船上飘飘摇摇，苏轼忽然涌起无限感慨。想起春秋时期范蠡急流勇退、泛舟太湖的传说，自己是不是也要和范蠡一样，就此退隐江湖呢？

此时的苏轼积极入世，依然"奋厉有当世志"，渴望能够实现自己的政治抱负，退隐只是被江南风景之美蛊惑而涌起的一时之叹。他为苏州之行作了一首《减字木兰花·寓意》：

云鬟倾倒。醉倚阑干风月好。凭仗相扶。误入仙家碧玉壶。
连天衰草。下走湖南西去道。一舸姑苏。便逐鸱夷去得无。

苏轼先是去陈州（今河南淮阳）看了苏辙，兄弟俩难舍难分，苏轼在陈州盘桓了七十余天。离开时苏辙去送兄长，越送越远，结果一直送到了颍州（今安徽阜阳），于是，二人一起去拜访老师欧阳修。

欧阳修辞官之后，正在颍州闲居，自号“六一居士”，意思是“《集古录》一千卷，藏书一万卷，有琴一张，棋一局，酒一壶，一翁老于其间”。欧阳修见爱徒前来，自然欢喜，师生一起喝酒泛舟，好不快活。

这天，欧阳修跟苏轼说起一件有关“医者意也”的趣事。有个人去看大夫，大夫询问生病的原因，那人说乘船遭遇了风浪，受到惊吓。于是大夫就从船舵上刮下舵工长年因手握而变色的那处所留下的汗渍粉末，与丹砂、茯苓等药物相配，让此人服下，竟药到病除。欧阳修因此感叹道：“《本草注别药性论》书上有止汗之法，就是用麻黄根节和旧竹扇碾成粉末服下，这说明‘医者意也’，虽然看起来好像儿戏，实则真有灵验，不应该受到怀疑和指责呀。”

苏轼颇不以为然，他是连拗相公王安石都怼的人，更何况慈眉善目又一向看重自己的老师呢？于是他便问老师：“按照这种说法，把笔墨烧成灰让学生喝下去，就可以治疗懒惰了；喝下伯夷的洗手水，就能治疗贪婪了……”

欧阳修连忙摇头，苏轼继续说：“那么以此类推，吃了比干的剩饭，就可以治疗谄媚了；舔一舔樊哙的盾牌，就可以治疗胆怯了；闻一闻西施的耳环，就可以治疗恶疾了……”

欧阳修说不过他，于是哈哈大笑。

兄弟俩陪恩师一起住了二十多天，就不得不分别了。临走时，欧阳修还跟苏轼推荐了一个朋友，说到了杭州，可以去孤山找惠勤禅师，此人通晓佛法，且擅长作诗。苏轼见恩师发已全白，步履维艰，不由得心中担忧，也许此行一去，就没有机会和恩师再会了。

第二年，六十六岁的欧阳修便溘然长逝了。苏轼痛失了一生的良师益友。这位六一翁不仅自己才华卓绝，开创了一代文风，而且乐于提携后进，不吝赞美，堪称千古伯乐。当时的文人、名臣都纷纷写祭文纪念这位文坛领袖与国之重臣。苏轼亦在西湖孤山借惠勤僧舍作《祭欧阳文忠公文》，称恩师是文坛的“大川乔岳”，回忆“受教于门下者，十有六年”，不胜感叹。

在欧阳修去世近十年之后，苏轼第三次到扬州平山堂缅怀他，作下《西江月·平山堂》：

三过平山堂下，半生弹指声中。十年不见老仙翁。壁上龙蛇飞动。

欲吊文章太守，仍歌杨柳春风。休言万事转头空。未转头时皆梦。

二十年后，苏轼行舟路过颍州，想起恩师当年的音容笑貌，不胜伤感怀念。他又想起和恩师讨论“医者意也”的往事来，于是将之记入了《东坡志林》里。两代文宗亦师亦友的关系，欧阳修的慈和、苏轼的率真，都在这段记载里展露无遗了。

十一月，苏轼带着王闰之、长子苏迈以及刚刚出生不到一年的次子苏迨终于到达杭州，这也是三十六岁的苏轼第一次来到杭州。杭州风景之美驰名天下，宋仁宗都曾称赞："地有湖山美，东南第一州。"从此，苏轼与江南的缘分开始了。

西湖是杭州的灵魂，苏轼对其尤为钟爱。无论天晴还是下雨，他都觉得西湖有其独到之美，百看不厌，心醉神迷。有一次，苏轼和朋友在烟雨蒙蒙的湖边饮酒至微醺，恰逢雨后初晴，湖光山色，令人心旌摇曳。苏轼沉迷其中，写下《饮湖上初晴后雨二首》，第二首尤其脍炙人口，杭州西湖也因此被称为"西子湖"：

朝曦迎客艳重冈，晚雨留人入醉乡。
此意自佳君不会，一杯当属水仙王。

水光潋滟晴方好，山色空濛雨亦奇。
欲把西湖比西子，淡妆浓抹总相宜。

这年六月二十七日，他游览西湖，在船上看到瑰丽曼妙的湖光山色，再到望湖楼上喝酒，写下五首绝句《六月二十七日望湖楼醉书》，字里行间，尽显西湖山水之灵秀：

黑云翻墨未遮山，白雨跳珠乱入船。
卷地风来忽吹散，望湖楼下水如天。

乌云翻涌，如同墨汁一般，覆盖了整个天空，只有天边露出一段青色山峦，大雨倾盆而下，水花如雪白的珠子，纷纷溅入船中。忽然之间，狂风席卷而来，吹散了漫天乌云，望湖楼下，湖水澄清得如同被雨洗净的天空一般。

放生鱼鳖逐人来，无主荷花到处开。
水枕能令山俯仰，风船解与月徘徊。

人们放生出去的鱼鳖依然追赶着人们，仿佛恋恋不舍，湖上到处都开着不知道谁种下的鲜妍荷花。苏轼躺在船上，枕着水声，觉得四周的青山仿佛在一俯一仰地轻轻晃动。就这样让船在风里自在地摇荡，月光轻轻地倾洒在船上，船宛若留恋这月夜，和月光缱绻不已。

乌菱白芡不论钱，乱系青菰裹绿盘。
忽忆尝新会灵观，滞留江海得加餐。

湖里生长的乌菱和白芡随手可拿来剥开吃，新鲜水灵，不用另外拿钱去买。水中的雕胡米就像包裹在碧绿的玉盘中一般。苏轼忽然回忆起在会灵观尝食新谷之事，不由得口舌生津。如果要长期滞留在江海之上，就需多进饮食，苏轼正好有了理由可以大快朵颐。

献花游女木兰桡，细雨斜风湿翠翘。
无限芳洲生杜若，吴儿不识楚辞招。

船上美丽的采莲女把湖中荷花一朵朵采下来送给游人，她们头上轻轻颤动的翠翘在斜风细雨中被微微打湿。芳草丛生的小洲上长满了芬芳的杜若，自幼生长在江南的采莲女却不认识这楚辞中的潇湘香草。

未成小隐聊中隐，可得长闲胜暂闲。
我本无家更安往，故乡无此好湖山。

做不到小隐隐于野，就先中隐隐于市吧，比起隐居山林来，做个地方官还能感受到更长期的悠闲之意。自己本来就没有家，不安身在这里又能到哪里去呢？何况，就算是故乡眉山，也没有杭州西湖这样美妙的湖光山色。

苏轼素爱故乡，但也坦然承认杭州比故乡山水更美，“故乡无此好湖山”，他甘心一次又一次迷醉于西湖水云之间。他对杭州的爱，渐已不亚于眉山。

苏轼对杭州山水的感情与日俱增，在他看来，西湖便如同绝代佳人的眉眼，美目盼兮，眼波流转，宛若有情。他写了一组《南歌子》，其中一首便是写杭州的名胜十三楼，在楼上可眺望西湖“山与歌眉敛，波同醉眼流”的迷人之景：

山与歌眉敛，波同醉眼流。游人都上十三楼。不羡竹西歌吹、古扬州。

菰黍连昌歜，琼彝倒玉舟。谁家水调唱歌头。声绕碧山飞去、晚云留。

除了杭州的景，杭州的人也让苏轼欢喜不已。在杭州，苏轼与工作伙伴杭州知州沈立、陈襄、杨绘等人都相处得极为愉快。与他相处最久的是来杭州时的第二位知州陈襄。二人从熙宁五年五月到熙宁七年六月，共事了两年多时间。陈襄虽然比苏轼年长近二十岁，但非常赏识他，且二人志趣相投，政见相契，在工作上也配合默契，是极佳的工作拍档。这也使得苏轼在杭州的日子过得越发惬意。

这年冬天，苏轼去常州、润州出差，元旦的时候，乘舟经过丹阳，见江村两岸的梅花在雪中绽放，想起了自己与陈襄在杭州携手同游的往事。那时自己在游乐之地题了太多诗词，现在都已落满灰尘了吧。在杭州还有谁在思念自己呢，除了陈襄，就只有西湖中的明月、钱塘边的柳树以及城西南诸山上的朵朵白云吧。于是他写下了一首《行香子·冬思》寄给陈襄，二人情谊之深厚由此可见一斑：

携手江村，梅雪飘裙。情何限、处处消魂。故人不见，旧曲重闻。向望湖楼，孤山寺，涌金门。

寻常行处，题诗千首，绣罗衫、与拂红尘。别来相忆，知是何人？有湖中月，江边柳，陇头云。

熙宁七年（1074 年）三月，苏轼在从京口（今江苏镇江）返回钱塘的途中，又写了一首《卜算子·感旧》寄给陈襄：

蜀客到江南，长忆吴山好。吴蜀风流自古同，归去应须早。
还与去年人，共藉西湖草。莫惜尊前仔细看，应是容颜老。

在这首词里，苏轼又将故乡蜀地与江南相提并论，说自己到了江南之后，就会常常想起江南的美好。自古以来蜀地和江南风景都极为旖旎，如要去观赏就要及早。苏轼想象着自己回来之后，与去年同游西湖的陈襄再次来到了西湖边上，坐于草地上尽情饮酒。他还想要陈襄端详自己，自己容颜应是老了不少。

后来陈襄调任，离开杭州，设宴于杭州城中吴山有美堂。当晚月光如练，前望钱塘江，后顾西湖水，水月交辉，通透明亮。苏轼极其不舍，宴席之中，应陈襄之请，在这水月美景的环绕之中，写了首《虞美人》给他：

湖山信是东南美。一望弥千里。使君能得几回来。便使尊前醉倒、且徘徊。

沙河塘里灯初上，水调谁家唱。夜阑风静欲归时，惟有一江明月、碧琉璃。

苏轼在词中写道，湖光山色，以东南这里最美，登高远眺，能望尽千里美景。而你离开这里，什么时候才能回来？不如就此醉倒，徘徊留恋，不再离去。沙河塘里华灯初上，闪闪烁烁，有谁在弹唱《水调》这首曲子？当我们夜深人静归家之时，会见到这样的美景吧，一轮皎皎明月笼罩着钱塘江，江水澄澈得就如碧色琉璃一般。

这仿佛是写给陈襄的一封信，情真意切，清婉动人。当陈襄读到此词之时，当是心醉神迷，真的不舍归去了吧。

苏轼在杭州也交到了很多高僧朋友，比如恩师欧阳修给他推荐的惠勤。来到杭州的第三天，苏轼便去孤山拜访惠勤。

当时天空正要下雪，湖面上阴云密布，楼台青山都是朦朦胧胧，若有若无。苏轼在山中漫步，溪水清澈得可以看见水底石块，鱼儿在水中游动，历历可数。树林幽深无人，只听到鸟儿的婉转鸣叫之声。

苏轼抬头寻找路径，看到在那宝云山前，一条狭窄小道弯弯曲曲通向僧人禅房。孤山独自耸立，如此清静，谁会在这里结庐呢？只有修道的僧人，他们与山相互依傍，彼此守护。苏轼一边感叹，一边行走，终于到了禅房，并走了进去。

禅房清雅，纸窗竹屋，幽深暖和。惠勤与惠思正裹着僧衣，在蒲团上凝神打坐。二人见到苏轼前来，也觉欢喜。三人相谈甚欢，竟不知时间悄然流走。

天寒路远，仆夫催着回家，苏轼不得不告别。他走出门来，只觉自己走得太早，还没有到黄昏日暮时，若是能一直秉烛夜谈，该是如何畅快呢？

出山之时，他恋恋不舍地回望山中景色，树木都笼罩着朦胧烟云，一只野鹘在佛塔上空盘旋。

苏轼心中溢满了说不出道不明的快乐。他回到家中后，神思恍惚，真像是刚从梦中醒来，那山中状况还历历在目。他急忙提笔写下了一首诗，生怕稍有迟疑，那清淡空灵的景色便从脑海中消失，再也难以描摹。这就是《腊日游孤山访惠勤、惠思二僧》：

天欲雪，云满湖，楼台明灭山有无。
水清石出鱼可数，林深无人鸟相呼。

腊日不归对妻孥，名寻道人实自娱。
道人之居在何许，宝云山前路盘纡。
孤山孤绝谁肯庐，道人有道山不孤。
纸窗竹屋深自暖，拥褐坐睡依团蒲。
天寒路远愁仆夫，整驾催归及未晡。
出山回望云木合，但见野鹘盘浮图。
兹游淡薄欢有余，到家恍如梦蘧蘧。
作诗火急追亡逋，清景一失后难摹。

西湖当时僧寺之盛，为全国之冠。苏轼遍访湖山深藏之寺，“三百六十寺，幽寻遂穷年”。他深入研究佛典，与高僧交流，“所至得其妙，心知口难传”。得到许多人生启迪，他只觉百忧冰解，形神俱泰，仿佛进入另一个清凉世界，身心得以舒展：“至今清夜梦，耳目余芳鲜。”

在清静寺庙中得以一枕好梦，是苏轼觉得特别享受的事情。而且西湖诸山产好茶，僧人们都善烹茶，每每用泉水烹茶以招待苏轼，他感到极为满足：“食罢茶瓯未要深，清风一榻抵千金。腹摇鼻息庭花落，还尽平生未足心。”

有一天，苏轼从杭州去於潜县察看县政时，游览了寂照寺，僧人惠觉接待了他。苏轼看到寺庙中有绿筠轩，其中竹林幽幽，绿意生凉，心中十分喜欢，便作了一首《於潜僧绿筠轩》：

宁可食无肉，不可居无竹。
无肉令人瘦，无竹令人俗。

人瘦尚可肥，士俗不可医。

旁人笑此言，似高还似痴。

若对此君仍大嚼，世间那有扬州鹤？

杭州的文人墨客很多，仰慕苏轼与之相交相契的不在少数。著名词人张先便是其中的一个。张先初以《行香子》词有“心中事，眼中泪，意中人”之句，被人称为“张三中”，后又有“张三影”之称。宋祁因赞赏他《天仙子》中的“云破月来花弄影”，称之为“云破月来花弄影郎中”。

苏轼到杭州时，张先已经八十多岁了，他比苏轼大了近五十岁，比苏轼的老师欧阳修的老师晏殊还大了一岁，都可以做苏轼的祖父了，但他如老顽童一样，跟苏轼平辈论交，没有半点架子，苏轼还经常开他的玩笑。

张先虽然已经满头白发，却迎娶了一个十八岁的小妾。苏轼于是在张先的新婚之夜写道：

锦里先生自笑狂，莫欺九尺鬓眉苍。

诗人老去莺莺在，公子归来燕燕忙。

柱下相君犹有齿，江南刺史已无肠。

平生谬作安昌客，略遣彭宣到后堂。

苏轼和张先经常一起游山玩水。苏轼写词受到张先很大影响。苏洵反对苏轼和苏辙写词，因此早年苏轼一直是写诗，直到到了杭州，遇到在词作上成就很高、自创清丽词风的张先，才走上写词的道路，后来更开创豪放词风，成为一代光耀词坛的大词人。后来苏轼称赞张先的诗词成就：“清诗绝俗，甚典而丽。搜研物情，刮发幽翳。微词宛转，盖诗之裔。”

有一日，苏轼和张先一起去雨后初晴的西湖上泛舟赋诗，风吹水清，晚霞明亮亮地映照于湖水之上，浮光跃金。一朵荷花娉婷开放。有两只白鹭翩翩飞来，浮在湖水之上。忽然江上传来如泣如诉的筝声，像是在诉说着什么。烟雾渐渐消散，却不见弹筝人，难道是湘妃在弄弦吗？一曲终了，始终没有见到人，唯见青山碧水，寂静而美丽。

苏轼若有所失，写下了一首《江城子》[①]：

凤凰山下雨初晴。水风清。晚霞明。一朵芙蕖，开过尚盈盈。何处飞来双白鹭，如有意，慕娉婷。

忽闻江上弄哀筝。苦含情。遣谁听。烟敛云收，依约是湘灵。欲待曲终寻问取，人不见，数峰青。

也有传说这首词是苏轼初遇琴操时所作。琴操是西湖上的一位妙龄歌伎，生性聪颖，亦有诗才，苏轼视之为友。

宋人《泊宅编》记载，苏轼曾与琴操共游西湖，苏轼戏曰：“予为长老，汝试参禅。”琴操笑喏。苏轼问：“何谓湖中景？”琴操答：“秋水共长天一色，落霞与孤鹜齐飞。”苏轼又问：“何谓景中人？”琴操回答：“裙拖六幅湘江水，髻挽巫山一段云。”苏轼再问：“何

① 一作“江神子”。

谓人中意？”琴操又答：“随他杨学士，鳖杀鲍参军。”苏轼沉默半晌，问：“如此究竟如何？”琴操也沉默了，不答。苏轼缓缓说道：“门前冷落鞍马稀，老大嫁作商人妇。”

琴操沉默半晌，然后说道：“谢学士，醒黄粱，世事升沉梦一场。奴也不愿苦从良，奴也不愿乐从良，从今念佛往西方。”苏轼尊重她的心愿，帮她落籍，琴操从此削发为尼，于玲珑山别院修行。

琴操出家后，苏轼不忍她花信年龄就伴青灯古佛，曾多次来玲珑山探望她，希望她还俗过上平常人的日子。琴操都微笑拒绝。她只是与苏轼一起品茶论诗，煮酒笑谈。苏轼曾在玲珑山的“醉眠石”休息，并为琴操手植学士松，题写九折岩。琴操逝世后，苏轼还特地到玲珑山厚葬了她，并亲自写了一方墓碑。

苏轼与琴操的一段交往见于宋人笔记，后人津津乐道于才子佳人这段心意相通的友情。这段故事还被元人写成了杂剧《眉山秀》和《红莲债》。

此时，苏轼的夫人王闰之买下了西湖边十二岁的歌女王朝云，作为苏轼的侍女。朝云长到十八岁后，正式成为苏轼侍妾。从此，这个清丽灵慧的女子便成了他一辈子的灵魂知己。

在任期间，苏轼也为老百姓做了很多好事。陈襄与苏轼一起疏通了西湖六井。西湖六井是唐代宰相李长源开凿，引西湖淡水给百姓饮用的。但彼时六井疏于管理，无法满足百姓的用水需求。陈襄一到任就着手整治六井，并建造四个水闸，都砌了墙做了门上锁来保护它。

第二年春天，六井修葺完毕，正好赶上干旱之年，从江淮到浙右的各地水井都干涸了，因为缺水，当地百姓把瓦罐装的水如美酒一般相互赠送。而杭州百姓则水源充足，不仅可以尽情饮用，还可以放心洗澡。当时，打水的人都诵佛祝祷以示感谢。苏轼特地作《钱塘六井记》以记之。

苏轼在杭州的作品，此时被杭州书商精心编辑出版，书名为《苏子瞻学士钱塘集》。由于此书太受欢迎，书商不断增订，元丰年间又出版了一册《元丰续添苏子瞻学士钱塘集》。可惜的是，书已失传。

苏轼在杭州待了三年，后来调离杭州，经过一番宦海沉浮之后，元祐四年（1089 年）三月，他以龙图阁学士的身份，再次到阔别了十五年的杭州当知州。他与老友、时任两浙提刑官的莫君陈在雨中西湖重逢，感慨不已，作《与莫同年雨中饮湖上》道：

到处相逢是偶然，梦中相对各华颠。
还来一醉西湖雨，不见跳珠十五年。

这时，他已经过了许多仕途风浪，见证了人心险恶。邂逅了大起大落，当年故友如陈襄、张先等人也大多流离或逝去，苏轼心境大不一样了。并且，此时的他已是一市之长的身份，他开始花费更多的时间和精力在国计民生之上。

苏轼办事效率一向很高。他把每天要做之事列于纸上，当天做完，便当晚勾销，然后便心无挂碍，一觉睡到大天亮。他在西湖边的冷风亭据案判事，落笔如风。待到暮色降临，苏轼便独自骑马回城。所到之处，百姓都要跑出门来看这个传奇人物。

苏轼判案严明，但又充满人情味。有件案子，为某人欠钱二万不还，被债主告上官府。于是苏轼便传那人来问。那人无奈说家中以制扇为业，但这年入春以来，天气寒冷，扇子卖不出去，并非故意不还钱。苏轼仔细观察他表情，发现不是作伪，于是便令他取来二十柄白色团扇。他拿起判笔，在扇子上画枯木竹石，题写诗句，如同行云流水，顷刻间便完成了。

然后，苏轼便让他拿扇子去卖。那人抱着扇子，一边哭一边道谢而去。刚一出来，他手中的扇子就被人争抢着以千钱一把买下，瞬间卖完。“后至而不得者，至懊恨不胜而去。”那人便得了钱，还了债。此事一经传出，瞬间成为杭州城的美谈。

苏轼回到杭州那年，杭州正瘟疫横行。第二年春，苏轼减价售卖平仓的米，并做了很多的粥和药剂分发给百姓，还带着郎中为百姓治病，救活了无数人。苏轼广求药方，终于从同乡好友巢谷处打探到一个圣散子的中药秘方，特意让人抄了，以布告的方式贴在人流量最多的地方，最终消除了疫病。

这次疫病之后，苏轼防患于未然，还从政府金库中拨出两千缗，自己又捐了五十两金子，建起“安乐坊”，用来储钱财、粮米以预防疫病，并免费为百姓看病，这就是最早的公立医院之雏形。

除了救灾防疫之外，苏轼还在杭州筑堤修井。此时杭州的西湖已不复他记忆中的清澈澄净，曾经倾国倾城的湖光山色无法灵动起来了。原来，由于多年疏于管理，湖中长满了野草，淤塞过半，湖水也因为淤塞而逐渐干涸，真是“葑合平湖久芜漫，人经丰岁尚凋疏”。苏轼看着憔悴不堪的西湖，无精打采的百姓，心急如焚，马上上疏朝廷，并在《杭州乞度牒开西湖状》中写道："杭州之有西湖，如人之有眉目……使杭州而无西湖，如人去其眉目，岂复为人乎？"

为了治理好西湖，苏轼动用二十余万民工，亲自带领兵士开掘葑滩，疏浚湖底，并将清理出来的淤泥和葑草堆于湖中，筑成一条从南山下直通栖霞岭的长堤。他让人在长堤上修筑了六座拱桥，便于两边水源疏通，并在桥上种满了芙蓉与杨柳。除此之外，苏轼在堤上还建造了九座亭台，以便于行人歇息观景。杭州人称其为"苏公堤"，也就是"苏堤"，"苏堤春晓"也成了现在的西湖十景之一。

疏浚西湖之后，为了能长久保持西湖的水质清澈，苏轼又下令将原来的葑田改成菱荡，租给湖边的农民种植。为防止出现农民过度种菱而侵占湖面的情况，他特地让人在湖水最深处竖起了三座小石塔作为标志，表示种菱的范围不能超过塔界。这湖上的三座小石塔便是"三潭印月"，也是现在的西湖十景之一。

在苏轼的精心治理下，西湖终于容光焕发，恢复了昔日的美貌，湖山之美比往昔更有过之。苏轼对此自然喜悦无限，又和多年前一样，常与友人泛舟湖上，边赏美景边畅饮美酒。在《与叶淳老、侯敦夫、张秉道同相视新河，秉道》诗中，苏轼自得地写道："我凿西湖还旧观，一眼已尽西南碧。又将回夺浮山险，千艘夜下无南北。"

对于苏轼对杭州的种种用心付出，杭州百姓非常感激，家家户户都挂上了苏轼的画像，还为他建了生祠，以报答他为杭州百姓谋得的福利。

在杭州的日子，可以说是苏轼最为开心的岁月。"前生我已到杭州，到处长如到旧游"，苏轼一直认为，杭州是自己前生的城市，也是自己的故乡，他深爱杭州。在《送襄阳从事李友谅归钱塘》诗中，苏轼说道：

居杭积五岁，自意本杭人。
故山归无家，欲卜西湖邻。

前后两次来到杭州，在杭州足足居住了五年，苏轼觉得自己就是杭州人了，愿日日与西湖为邻，尽享一湖风月，如此一生足矣。

愿望是美好的，可惜，他又要离开了。

宦海沉浮

熙宁七年（1074 年）秋，苏轼在杭州任期已满，他心系在山东齐州任职的弟弟苏辙，于是上奏朝廷，希望调任之地能离弟弟近一点。朝命下达，苏轼由杭州移守密州（今山东诸城）担任知州。他带着妻子王闰之、长子苏迈、次子苏迨以及在杭州出生的幼子苏过启程，路上拜访了好友，时任湖州知州的李常。

张先等在杭州结识的朋友一路相送，一直把苏轼送到了松江。张先时年已八十五岁，桑榆晚景，深知此次一别，再无相见之期，因此在分离之际老泪纵横，紧紧拉住苏轼，不忍分开。多年以后，苏轼还清晰地记得此次分离的场景：“送我北归，屈指默计。死生一诀，流涕挽袂。”

与杭州朋友依依惜别后，苏轼来到了密州。密州比起杭州来要穷困得多，百姓食不果腹。苏轼虽然是官长的身份，但也常常挨饿。他每天和通判刘廷式沿着城墙在荒废的菜园里找枸杞和野菊来充饥，两人相对摸着肚子大笑，并在《后杞菊赋》中发表议论说：

人生一世，如屈伸肘。何者为贫？何者为富？何者为美？何者为陋？或糠覈而瓠肥，或粱肉而墨瘦。何侯方丈，庾郎三九。较丰约于梦寐，卒同归于一朽。吾方以杞为粮，以菊为糗。春食苗，夏食叶，秋食花实而冬食根，庶几乎西河、南阳之寿。

苏轼认为，人生活在这世界上，就像手肘一样能屈能伸。贫困富有、美艳丑陋，都是相对的概念。有人吃粗糠照样长得白胖，有人吃精致美食却还是生得瘦削。晋代何曾奢侈到每天吃饭都花费万钱，南齐庾杲之却清贫自守，每天所吃只有韭菜。因此所谓富裕、贫困，不过也是如梦一场，人到头来都逃不过一死。就比如现在在密州，他以杞菊为食，春天吃苗，夏天吃叶，秋天吃花和果，冬天吃根，说不定还能像孔子弟子子夏和南阳地方的人那样长命百岁呢。

苏轼天性乐观，虽然在密州遭遇到了未曾想过的寂寞与饥饿，但他苦中作乐，自我纾解，天性中的旷达超逸，已在此赋中显露出来。

不过，他时常会想起杭州的美食。这天，苏轼收到朋友蒋夔寄来的一盒新茶，蒋夔还附了一首诗。苏轼喝着这碧绿清新的好茶，一时感触，写下一首题为《和蒋夔寄茶》的长诗。

诗里，苏轼谈到在杭州三年，吃遍了那里的鲜食美味，比如，洁白晶莹的米饭，有东南佳味之称的鲈鱼脍，以及各种海鲜。酒足饭饱之后酣睡一觉，醒来时还可以喝上一杯清香的茶：“扁舟渡江适吴越，三年饮食穷芳鲜。金齑玉脍饭炊雪，海螯江柱初脱泉。临风饱食甘寝罢，一瓯花乳浮轻圆。”而到了密州，饮食实在是太过简陋：“厨中蒸粟堆饭瓮，大杓更取酸生涎。柘罗铜碾弃不用，脂麻白土须盆研。”苏轼也不得不像密州本地人一样吃粟米饭，饮酸酱，那些精致的茶具全都用不上了。因此友人所寄的极品好茶，可谓是明珠暗投了：“清诗两幅寄千里，紫金百饼费万钱。”

不过，苏轼依然不抱怨，而是阐明自己一切随缘的态度：“我生百事常随缘，四方水陆无不便。”无论身处什么样的环境，自己都可以以平常心对待，很好地生活下去：“人生所遇无不可，南北嗜好知谁贤。死生祸福久不择，更论甘苦争蚩妍。”

密州的元宵佳节也无法跟杭州相比，冷冷清清。苏轼回想在杭州的时候过元宵节，月光如同霜抹一般，照得人好似一幅画。乐人在帐底吹笙，燃香的香气好似麝香。他又一次怀念起那个温暖明秀的城市，于是便写下了一首《蝶恋花·密州上元》：

灯火钱塘三五夜，明月如霜，照见人如画。帐底吹笙香吐麝。更无一点尘随马。

寂寞山城人老也。击鼓吹箫，乍入农桑社。火冷灯稀霜露下。昏昏雪意云垂野。

但苏轼毕竟是苏轼，他只是暂时的低沉，很快又振作起来。在密州，他积极习射练武，训练军民，以防西夏来犯。熙宁八年（1075 年）十月，为答谢山神赐雨而重新修葺的常山庙落成，苏轼亲自前往祭祀。归来途中，他与同僚们举行了一次会猎。苏轼一身戎装，英姿飒爽，豪兴满怀，并于会猎后写下一篇《江城子·密州出猎》，自比三国吴主孙权和西汉名将魏尚，抒写杀敌报国的雄心壮志：

老夫聊发少年狂。左牵黄。右擎苍。锦帽貂裘，千骑卷平冈。为报倾城随太守，亲射虎，看孙郎。

酒酣胸胆尚开张。鬓微霜。又何妨。持节云中，何日遣冯唐？会挽雕弓如满月，西北望，射天狼。

在词中，苏轼左手牵着黄犬，右臂托起苍鹰，头戴锦帽，身穿貂衣，带着万千兵马，如同疾风一般席卷平坦的山冈。为了报答百姓随行出猎，他决心亲自射杀老虎，一展孙权当年搏虎的英姿。痛饮美酒，身心俱畅，胆气更壮，虽然自己两鬓已微白，这又有何妨？只是盼着什么时候皇帝能派人下来，就像汉文帝派遣冯唐去云中郡赦免并召回魏尚一样信任他呢？那时自己将用尽全身力气拉满雕弓，瞄准西北，射向西夏军队，以报效祖国。

这一年，苏轼不过三十八岁，却已豪迈地自称“老夫”。在苏轼之前，人们写词以婉约含蓄为主流，而到了苏轼手中，词开始开拓了意境，更新了气象，“豪放”之风开始大放异彩。

他自己对这首词也甚是满意，在给友人鲜于子骏的信中写道：“近却颇作小词，虽无柳七郎风味，亦自是一家。呵呵，数日前猎于郊外，所获颇多，作得一阕，令东州壮士抵掌顿足而歌之，吹笛击鼓以为节，颇壮观也。”当时柳永是词坛最著名的词人，“凡有井水饮处，皆歌柳词”，苏轼将自己与柳永相比，认为另外开创了一派词风，言语中颇有自得之意。

此时被人弹劾后出知湖州的友人章惇，也对宦海沉浮深感厌倦，受苏轼影响，想要功成身退后归隐田园，写了几首诗给苏轼，其中一首写道：“他日扁舟约来往，共将诗酒狎樵渔。”苏轼收到信，立刻和了两首回寄，其中有云：“早岁归休心共在，他年相见话偏长。”两人就此许下田园之约。可惜政坛风云变化，后来苏轼和章惇的友谊经历了严峻的考验，早已不复当初。

来到密州后的第二年八月，苏轼命人修葺城北旧台，并由弟弟苏辙题名“超然”，取《老子》“虽有荣观，燕处超然”之义。苏轼为超然台写了一篇《超然台记》：

凡物皆有可观。苟有可观，皆有可乐，非必怪奇伟丽者也。哺糟啜醨，皆可以醉；果蔬草木，皆可以饱。推此类也，吾安往而不乐？

夫所为求福而辞祸者，以福可喜而祸可悲也。人之所欲无穷，而物之可以足吾欲者有尽，美恶之辨战乎中，而去取之择交乎前。则可乐者常少，而可悲者常多。是谓求祸而辞福。夫求祸而辞福，岂人之情也哉？物有以盖之矣。彼游于物之内，而不游于物之外。物非有大小也，自其内而观之，未有不高且大者也。彼挟其高大以临我，则我常眩乱反覆，如隙中之观斗，又焉知胜负之所在。是以美恶横生，而忧乐出焉，可不大哀乎！

余自钱塘移守胶西，释舟楫之安，而服车马之劳；去雕墙之美，而蔽采椽之居；背湖山之观，而适桑麻之野。始至之日，岁比不登，盗贼满野，狱讼充斥；而斋厨索然，日食杞菊。人固疑余之不乐也。处之期年，而貌加丰，发之白者，日以反黑。余既乐其风俗之淳，而其吏民亦安予之拙也。于是治其园圃，洁其庭宇，伐安丘、高密之木，以修补破败，为苟全之计。

而园之北，因城以为台者旧矣，稍葺而新之。时相与登览，放意肆志焉。南望马耳、常山，出没隐见，若近若远，庶几有隐君子乎！而其东则庐山，秦人卢敖之所从遁也。西望穆陵，隐然如城郭，师尚父、齐桓公之遗烈，犹有存者。北俯潍水，慨然太息，思淮阴之功，而吊其不终。台高而安，深而明，夏凉而冬温。雨雪之朝，风月之夕，余未尝不在，客未尝不从。撷园蔬，取池鱼，酿秫酒，瀹脱粟而食之，曰："乐哉游乎！"

方是时，予弟子由，适在济南，闻而赋之，且名其台曰"超然"，以见余之无所往而不乐者，盖游于物之外也。

苏轼在这篇文章里表达了自己的处世之道，"凡物皆有可观"。既然天下万物都有可观，那么就"皆有可乐，非必怪奇伟丽者也"，吃酒糟、喝薄酒，都可以使人醉，水果蔬菜草木都可以充饥。以此类推，到哪儿会不快乐呢？虽然密州没有杭州富饶，也没有湖光山色的美景，各类案件也令人劳心劳力，可这里也有这里的可爱之处。他在这里安心住了一年后，面腴体丰，连白发都渐渐转黑了。只要万物不萦于心，独与天地精神来往，超然物外，就可以无往而不乐。

在超然台上，每当雨雪之晨，或者风月之夜，苏轼都会和朋友们登台游乐。他们采摘园子里的蔬菜，钓取池塘里的游鱼，酿高粱酒，煮糙米，大家一边吃一边赞叹。苏轼觉得快乐又回来了。

熙宁九年（1076 年）暮春，苏轼登超然台，正烟雨连绵，乡思情动，因而借景抒情，写下了《望江南·超然台作》：

春未老，风细柳斜斜。试上超然台上看，半壕春水一城花。烟雨暗千家。

寒食后，酒醒却咨嗟。休对故人思故国，且将新火试新茶。诗酒趁年华。

春天还未逝去，微风习习，吹斜了柳枝。登上超然台远望，护城河内半江春水闪闪烁烁，满城都是明丽春花，烟雨蒙蒙飘散于城中，朦胧了千家万户。寒食节过后，醉酒醒来，却因思乡而叹息不已。不要在故友前思念家乡了，暂且点上新火来煮新茶，作诗醉酒都要趁着好年华呀。“诗酒趁年华”，苏轼总能把诗中的惆怅低沉转为明亮昂扬。

在密州时，苏轼的公务远比杭州繁忙。他整天忙碌，几乎不得空闲。当时密州蝗虫成灾，苏轼刚到密州，就被眼前的景象惊呆了。老百姓们用杂草包裹着死去的蝗虫埋入深土之下，或者将含有虫卵的草皮烧成灰烬，“累累相望者二百余里”。苏轼赶紧询问灾情，谁知密州官吏却报告说："蝗不成灾。"甚至还有人厚颜无耻地说，蝗虫可为民除草。

苏轼大怒，斥责道："这样严重还蝗不成灾，是在欺骗谁？"并痛心疾首地说道："坐观不救，有何居心！"早在杭州，苏轼就见识过蝗灾的严重性，带领百姓一同抗灾。他写下《捕蝗至浮云岭山行疲苦有怀子由弟二首》以记之，其一为：

西来烟障塞空虚，洒遍秋田雨不如。
新法清平那有此，老身穷苦自招渠。
无人可诉乌衔肉，忆弟难凭犬附书。
自笑迂疏皆此类，区区犹欲理蝗余。

蝗虫像漫天烟雾一般从西方飞来，深秋冷雨都没有它那样密集。苏轼感叹，新法若真的清平，哪会有这种事呢？

苏轼立刻写下《上韩丞相论灾伤手实书》，并描述在杭州时所见的蝗灾："轼近在钱塘，见飞蝗自西北来，声乱浙江之涛，上翳日月，下掩草木，遇其所落，弥望萧然。"他向当时担任宰相的韩绛如实反映情况，希望朝廷能减免百姓赋税，或者给予补助。苏轼自己也马上加入捕蝗救灾的一线队伍，努力抗灾慰民，并写下《和赵郎中捕蝗见寄次韵》以记之。他请教当地老农，用火烧、用泥深埋的办法铲除蝗害，并且以仓米进行奖励的形式激发百姓灭蝗的积极性，终于取得了灭蝗斗争的胜利，灾情基本得到控制。

除了灭蝗之外，苏轼还采取各种措施强化社会治安，悬赏缉盗、除暴安良。此时最让他痛心的，便是密州的弃婴事件。密州贫困，连年灾荒，百姓养不起孩子，就只能丢弃。苏轼巡行各地，常见到婴儿被遗弃于荒野哇哇大哭，只得一边流泪一边忙抱起他们。最多的时候，苏轼家中甚至收留有三四十个婴儿。为了防治弃婴事件愈演愈烈，苏轼专门筹出一笔经费，规定领养孩子的家庭，政府每月补贴粮米六斗，也对养不起孩子的困难家庭给以补贴。仅仅两年，苏轼救活的孩子就多达数百人。

熙宁九年（1076 年）底，苏轼在密州任期满，离别时他颇为恋恋不舍。他原本是多情之人，每到一处，都倾注了自己的情感，然而每次都让他这么快就面对别离。百姓舍不得他，扶老挈幼地来送他，他也只能洒泪以别。

熙宁十年（1077 年）四月，苏轼改任徐州知州。这一年，苏轼已经四十二岁。此时，他渐渐成长为北宋的文坛领袖，隐然已取代了欧阳修的泰斗地位。

不少文人墨客慕名前来拜访苏轼。他终于又不寂寞了。在密州时，因地方偏僻贫困，虽然也有一起登台喝酒的朋友，但能真正进行精神交流的知心好友并没有几个，只能靠书信与好友们保持联系。而他是这样注重精神生活的人，在徐州的日子，自然过得更为畅快。

苏轼继承了欧阳修乐于提携后进的精神，十分重视发现和培养文学人才。当时就有许多才俊慕名来拜访他，并尊之为师，得他指点。秦观更作诗道：“我独不愿万户侯，惟愿一识苏徐州。”道尽天下士人对苏轼的景仰之心。苏门学子中，成就较大的有黄庭坚、张耒、晁补之、秦观四人，合称“苏门四学士”。后来陈师道和李廌又加入其中，又合称“苏门六君子”。

苏轼在徐州结识了年轻的王迥、王适兄弟，与之结成了忘年交。苏轼还做媒，把苏辙的一个女儿嫁给了王适。

这年早春二月，苏轼同乡朋友张师厚前来拜访苏轼，苏轼便约上二王，一起在月下的杏花树下喝酒。花瓣一枚枚飘坠于酒杯之中，芳气袭人。二王又徐徐吹起洞箫。良辰美景之中，苏轼作下《月夜与客饮杏花下》：

杏花飞帘散余春，明月入户寻幽人。
褰衣步月踏花影，炯如流水涵青蘋。
花间置酒清香发，争挽长条落香雪。
山城酒薄不堪饮，劝君且吸杯中月。
洞箫声断月明中，惟忧月落酒杯空。
明朝卷地春风恶，但见绿叶栖残红。

张师厚隐居于徐州云龙山，自号云龙山人。后迁于东山之麓，便在东山上建亭子。春夏交替的季节，草木茂盛，似乎一直绵延到天边；秋冬的瑞雪和皓月，千里一色。张师厚驯养了两只鹤，温驯且善于飞翔。早晨，他就在亭子里朝着西山的缺口放飞它们。两只鹤有时立在山坡上的田地里，有时飞翔在万里云海之外。到了晚上鹤就向着东山飞回来休息。因此张师厚给这个亭子取名为“放鹤亭”。

张师厚请苏轼为亭作题记，是为《放鹤亭记》。苏轼在文中感叹道：“南面之君，虽清远闲放如鹤者，犹不得好，好之则亡其国；而山林遁世之士，虽荒惑败乱如酒者，犹不能为害，而况于鹤乎？由此观之，其为乐未可以同日而语也。”认为南面之君不如隐居之乐，字里行间，透露出苏轼对隐逸生活与自由心境的向往之情。

熙宁十年（1077 年）秋，黄河决口，水困徐州。彭门城下，水深竟高达二丈八尺，城中富人争相逃出避险。苏轼坚定地说：“我在这里，决不能让徐州有任何闪失！”他阻止富人离城，以免人心涣散，并积极组织军民筑堤抢险。他本人也亲荷畚锸，布衣草履，就睡在城墙之上，过家门而不入，与民众一道抢救城池，与军民筑起一道千丈长堤。抗洪终于取得胜利，百姓无不欢欣鼓舞，称长堤为“苏堤”。

为了纪念抗洪胜利，也为了加固城墙，苏轼亲自设计，在城东要冲处建起了一座十丈高楼，取名“黄楼”。按金、木、水、火、土的“五行”之说，黄色为土，土克水，因此“黄楼”含有抵御洪水之意。苏轼亲自题写“黄楼”二字匾额。弟弟苏辙为此楼写了一篇《黄楼赋》，苏轼将之书于碑上，立于楼畔。

后来好友王巩特地去看苏轼。苏轼欢欢喜喜地接待了他。因白天忙于公务，苏轼请徐州的朋友颜长道等人和王巩一起游泗水，登魋山，吹笛饮酒，乘月而归。夜晚，苏轼身着羽衣，带着王巩同登黄楼，俯瞰徐州美景，二人相视而笑。黄楼之上，苏轼心满意足地对王巩道：“李太白死，世无此乐三百年矣！”

元丰元年（1078 年）春天，徐州发生了严重旱灾，苏轼率众到城东二十里的石潭求雨，特撰了一首《徐州祈雨青词》。过后果然天降大雨，苏轼欣喜若狂。

得雨后，苏轼又与百姓同赴石潭谢雨。在这次谢雨路上，心情舒畅的苏轼写了一组《浣溪沙》，宛如一幅幅初夏乡间风景速写，让人见之忘忧：

照日深红暖见鱼，连溪绿暗晚藏乌。黄童白叟聚睢盱。
麋鹿逢人虽未惯，猿猱闻鼓不须呼。归家说与采桑姑。

日光照入潭水，把潭水照成温暖的深红色，鱼儿在潭水之中灵活游动着。四周树木暗绿浓密，傍晚乌鸦藏身其中。老人和孩子欢欢喜喜地参观谢雨盛会。麋鹿到潭边饮水，突然警惕地逃开。猿猴听到阵阵鼓声，却好奇地跳过来。大家高高兴兴地回去，把所见所闻告诉因采桑而错过盛况的姑娘。

旋抹红妆看使君，三三五五棘篱门。相挨踏破茜罗裙。
老幼扶携收麦社，乌鸢翔舞赛神村。道逢醉叟卧黄昏。

村里的姑娘们急匆匆地打扮一下就去看前往谢雨的苏轼，三三五五地挤着棘篱门往外张望，因过于拥挤，有姑娘的红裙被人踩破了。老幼村民相扶到土地祠祭祀，剩余的祭品引来乌鸢在村头盘旋不去。黄昏时，苏轼还遇到一个老人，老人喝醉了酒，睡倒在路旁。

麻叶层层苘叶光，谁家煮茧一村香。隔篱娇语络丝娘。
垂白杖藜抬醉眼，捋青捣麨软饥肠。问言豆叶几时黄。

层层麻叶因雨水滋润而泛着光泽，村内飘散着煮蚕茧的清香。篱笆边传来缫丝女子的谈笑之声。白发老翁拄着藜杖，抬着醉眼，捋下青麦捣成粉末用来充饥。于是苏轼关切地询问老翁，豆叶什么时候变黄，豆子何时能成熟呢。

簌簌衣巾落枣花，村南村北响缫车。牛衣古柳卖黄瓜。
酒困路长惟欲睡，日高人渴漫思茶。敲门试问野人家。

簌簌枣花悄然飘落在行人的衣巾之上，细小可爱。村里家家户户传出缫车之声，分外热闹。身穿粗衣的汉子在老柳树下叫卖着黄瓜。喝醉了酒，又赶路辛苦，昏昏欲睡，日头渐高，人也口渴不已。于是苏轼便随意敲开一户农家讨杯清茶。

软草平莎过雨新，轻沙走马路无尘。何时收拾耦耕身？
日暖桑麻光似泼，风来蒿艾气如薰。使君元是此中人。

柔软的莎草被雨洗过之后显得更为清新，在薄沙路上骑马不会扬起灰尘。苏轼陶醉于眼前的田园风光，一边骑马，一边沉思，什么时候才能回归田园呢？沐浴在日光中的桑麻散发出光泽，风携来艾草浓郁的香味。这一切都让苏轼感到着迷，他认为自己就属于这个恬淡宁静的地方。

以诗入词，是这组小词的主要艺术特色。清新明丽，又朴素自然，有“清水出芙蓉”之感，令人耳目一新。苏轼这五首小词将田园题材带入北宋词坛，突破了“词为艳科”的藩篱，具有开拓性意义。

元丰二年（1079）正月，苏轼好友、表兄及画家文同在陈州病逝，时年六十一岁。文同曾于元丰初年在湖州任职，人称“文湖州”，开创了湖州画派。苏轼画竹深受文同影响，曾道：“吾墨竹尽得与可法。”痛失好友，苏轼悲痛难言，作《祭文与可文》。他和文同不仅是书画上的知己，更有着灵魂上的共鸣。思念难抑，苏轼只得取出他所珍藏的文同字画，睹物思人。

这年三月，苏轼也由徐州调至湖州。途中，苏轼回望徐州，心中不舍，于是又作下一首《江城子》：

天涯流落思无穷。既相逢。却匆匆。携手佳人，和泪折残红。为问东风余几许，春纵在，与谁同。

隋堤三月水溶溶。背归鸿。去吴中。回首彭城，清泗与淮通。寄我相思千点泪，流不到，楚江东。

在徐州仅仅待了两年，还没有好好相聚，却又面临别离，这叫他如何不伤感不思念？与徐州人民刚刚建立起深厚的感情，却又要奔向陌生的湖州。多情的苏轼总是一次又一次地伤别离，这首词在抒发离愁之中也融入了深沉的身世之叹。这么多年，他始终是一个奔波在路上的天涯倦客，难道就没有停下来的时刻吗？

苏轼任湖州知州期间，有一日他正行在路上，忽然下雨，天色渐暗，仿佛夜色降临一般。雨过天晴，风换了方向，夕阳透过天空中淡淡的云彩照在山峰上，明亮亮的。青青小草，细软沙地，马蹄声声轻轻踏着溪边的山路。晚上他寻了个客栈饮酒醉睡，早上醒来，却还感到困倦，但得继续赶路，不能停下来做个有关于仙境的美梦。苏轼不由得感叹，虽然身在蓝桥仙境一般的美景中，却要在哪里找到云英这样的仙子呢？只有多情的流水陪伴着人行走。

他把这酒后赶路的清新小景与深沉体会，写入了一首《南歌子》：

雨暗初疑夜，风回便报晴。淡云斜照著山明，细草软沙溪路、马蹄轻。

卯酒醒还困，仙村梦不成。蓝桥何处觅云英？只有多情流水、伴人行。

在这首小词里，苏轼用了“蓝桥”“云英”的典故。唐代秀才裴航与仙女云英在蓝桥上相会，并在云英的帮助下入玉峰成仙而去。这个浪漫的传说给了苏轼不少缱绻的想象，也给这首词蒙上了一层梦幻缥缈的色彩。

虽然苏轼辗转多个城市，一直在路上漂泊，难以安定下来，但无论在哪个城市任职，无论自己的处境如何，他都是个为民谋利、造福一方的好官，尽自己最大的努力为百姓做好事、做实事，践行着幼时的志向。苏轼曾在写给友人李常的信中说：“虽怀坎壈于时，遇时有可尊主泽民者则忘躯为之；祸福得丧，付与造物！”虽然平生遭遇到很多坎坷，但只要遇到为皇上分忧、为百姓造福的机会，都会忘我地、努力地去做。至于自身的祸福得失，就听上天安排吧。

乌台诗案

王安石变法的弊端渐渐被神宗知晓。门吏郑侠向神宗呈献一幅《流民图》，描绘的是自己在城门值班时所见到的民不聊生之惨相，令神宗十分震惊。神宗甚至痛哭了一场，然后让开封府开仓救民。再加上太皇太后与太后对变法的强烈反对，宋神宗终于决定不再坚持变法。

熙宁七年（1074 年）四月，宋神宗罢免了王安石的宰相之位，改任吏部尚书一职。王安石推荐了吕惠卿任参知政事，相当于副宰相。吕惠卿曾与王安石情同师徒，王安石变法时对他也最为信任。但这个曾经的得力助手却给了王安石沉重的打击。为了避免王安石东山再起，重掌大权，吕惠卿陷害王安石的弟弟王安国，在神宗面前极力诋毁王安石。但神宗生平最信任的人就是王安石，因此不为所动，甚至因此厌弃、疏远吕惠卿。

熙宁八年（1075 年）二月，王安石被神宗第二次拜相，吕惠卿被贬出京城，出任陈州知州。神宗年龄渐长，虽然对王安石依然敬重，但已有自己的决断，不再对他言听计从。王安石举贤不避亲，推荐自己的儿子王雱帮忙变法。王雱年轻聪慧，与王安石的弟弟王安礼、王安国并称“临川三王”，是王安石变法的忠实支持者。但王雱政治斗争经验不足，本想瞒着父亲搜集吕惠卿罪证以告倒他，助父亲一臂之力，却没想到吕惠卿竟拿出私信来诋毁王安石欺君罔上。王安石责怪儿子轻举妄动，王雱也因此事而忧郁病死，年仅三十三岁。

王安石终于心灰意冷，这位正直刚强的老人遭遇门人背叛、失子之痛，已无心继续待在尔虞我诈的政坛了。不顾神宗挽留，王安石满怀着壮志未酬的凄楚坚决辞去了宰相之位。

虽然王安石已经罢相，但新党人士早已对苏轼怀恨在心，从其诗文中深文周纳，罗织罪状，欲置他于死地。机会似乎来了。

元丰二年（1079 年）四月，苏轼四十三岁，调任湖州知州。上任后，按照惯例，他写了一封《湖州谢上表》，其中有一句“知其愚不适时，难以追陪新进；察其老不生事，或能牧养小民”。意思是，皇上知道我跟不上局势，不能跟朝中的那些所谓“新进”之人共事，又知道我老了无所作为，就让我到地方上来任职。这句意气用事的话成为他被弹劾的导火索。

此前，苏轼也不是没有遭到弹劾。熙宁六年（1073 年），苏轼还在杭州任职时，沈括以两浙路察访史的身份巡查江南水利，到了杭州。出发前，神宗心牵苏轼，对沈括说："苏轼在杭州当通判，卿其善遇之。"

神宗不知，这句话让本来就嫉妒苏轼的沈括心中妒火更甚。沈括三十一岁才中进士，才华出众却不得重用，想依附王安石，但王安石看穿了他，认为他人品颇为卑劣，曾对神宗说："沈括小人，不可亲近。"就此疏远了他。但沈括热衷功名利禄，依然在寻求讨好王安石、获得新党认同的机会。

到了湖州之后，由于沈括与苏轼曾在直史馆共事，有过交情，苏轼将他也当作朋友，热情接待了他，并分享出示了自己的新诗集。沈括连忙把诗集抄了一份。苏轼只道他欣赏新诗，并没有想到这个小人正在酝酿一场阴谋。

沈括回京后，立刻把苏轼诗集中表达因为百姓受难而讥讽新法的诗句圈了出来，呈给神宗，并举报苏轼"愚弄朝廷""无君臣之义"。但身为苏轼粉丝的神宗平素就极爱读苏轼作品，他遍读苏轼的诗、词、文，就连贺谢表章都不放过，甚至用餐时都会忘了继续进食，聚精会神地读下去。神宗密切关注苏轼在地方上的政绩，经常对左右夸赞苏轼，说他是奇才。就在"乌台诗案"案发的前一年，神宗还专门下诏表彰苏轼在徐州的抗洪业绩。因此，沈括呈上苏轼新诗，神宗读是读了，但读得爱不释手，丝毫没有管沈括的说法。

虽然神宗搁置不理，但此事却不胫而走，满朝皆知。苏轼也知道了。他并未将此事放在心上，只是在写给好友刘恕的信中调侃道："如此就不愁没有人把我的诗拿给皇上看了。"

但苏轼没有那么轻易能躲过这次风头了。朝堂的掌权者已易主，耿直君子王安石已罢相，之前他虽然恼怒苏轼反对新法而打压他，可毕竟爱才，还是留情了，但此时朝堂之中小人当道，苏轼的老师欧阳修已去世，而另一位老师兼朋友司马光已不在朝。御史中丞李定、监察御史舒亶等人嗅觉敏锐，见到苏轼《湖州谢上表》便立即上疏，用沈括在诗词中罗织罪证的方法，再次弹劾苏轼。

李定向神宗阐明，苏轼犯有四条“可废之罪”；一是“怙终不悔，其恶已著”；二是“傲悖之语，日闻中外”；三是“言伪而辨”“行伪而坚”；四是“陛下修明政事，怨己不用”，在他看来，苏轼是“讪上骂下，法所不宥”。舒亶更是在弹劾奏折中把苏轼的诗断章取义地解释给神宗听，说苏轼的“赢得儿童语音好，一年强半在城中”是反对“青苗法”，“岂是闻韶解忘味，尔来三月食无盐”则是讽刺盐禁，而苏轼的“谢上表”如今已经是“流俗翕然，争相传诵，忠义之士，无不愤惋”。

宋神宗毕竟不是宽和仁慈的宋仁宗，虽然看重苏轼，但经这些小人添油加醋地一再挑拨，不免也恼了，便命御史台立案审查。这年七月二十八日，御史台台吏皇甫僎，携吏卒急驰湖州拘捕苏轼。“乌台诗案”由此开始。

驸马王诜是苏轼的好友，得知此事之后，立刻十万火急地遣人通知当时任南京幕官的苏辙，苏辙则马上派人往湖州向兄长告知此事，好让他有个心理准备，安排诸事。恰好皇甫僎儿子生病，他不得不在润州求医问药、停留半日，因此苏辙人马先到。苏轼得知后立即告假，安排通判祖无颇暂时负责州事，等待皇甫僎的到来。

皇甫僎到达湖州后，态度十分强硬地将苏轼押解赴京。“顷刻之间，拉一太守如驱犬鸡。”全家老少惊慌失措，王闰之早已哭成泪人。为让妻子放宽心，他故作轻松地开了个玩笑：“你不能像杨处士的妻子一样，写首诗给我吗？”苏轼的这句话，源于朋友给他讲过的一个故事，以前他也给王闰之讲过。宋真宗下令访贤，有人推荐善于作诗的隐士杨朴。于是真宗召见杨朴，令他作诗。杨朴忙说不会，真宗问：“临行前有人赠诗与你吗？”杨朴无奈答道：“只有臣妻送我一首。且休落拓贪杯酒，更莫猖狂爱吟诗。今日捉将官里去，这回断送老头皮！”真宗大笑，让他回去了。王闰之听了后愁心略解，但还是忍不住哭起来。

苏轼走后，受了惊吓的王闰之担心丈夫的诗文以及书信还会给他惹上什么麻烦，竟一把火烧掉了他的文稿。苏轼知道后心痛不已。

这时，苏轼在徐州结交的朋友王迥、王适兄弟闻讯赶来，一直把苏轼送到郊外，并安慰他说死生祸福由上天安排，不必太过担心。王氏兄弟还将苏轼一家老小全部送去南都苏辙家暂住，以免苏轼担忧。时任湖州掌书记的陈师锡也赶过来告别，并帮王氏兄弟一起安顿苏轼家小。这雪中送炭的情意令苏轼备受感动。

湖州到汴京要走二十多天，押解途中犹如一路示众。苏轼年少成名，名满天下，虽然天真豪爽，但毕竟文人傲骨，这样毫无尊严地长途押解不啻公开受刑，路途之中，天性乐观的苏轼甚至想过跳湖自杀，可见此事对他精神的摧残。

八月十八日，苏轼被送进御史台的监狱。二十日便被正式提讯。他的诗词文成了他获罪的理由，主审官抓住他的一些诗句不放，要他解释每一句诗的典故和由来，定要苏轼承认是讽刺新法或者讥笑朝廷。作为此案主审官之一的李定曾被司马光斥为“禽兽”，对苏轼极为无礼。当时，任秘书监兼集贤院学士的苏颂被御史舒亶以“故纵”罪弹劾而关在苏轼隔壁，听到他们通宵辱骂苏轼，为此也颇感不平，后来写诗感叹道："遥怜北户吴兴守，诟辱通宵不忍闻。"

李定在有天早朝时，忽然跟同列的官员说："苏轼的确是奇才！"众人愕然，李定继续说道："二十年前所作之诗文，他居然可以引经援史，随问随答，无一字差错，此非奇才而何？"让审问的政敌对他也如此佩服，古往今来，可能就只有苏轼一人了。

苏轼所在监狱的狱卒梁成非常崇拜他，同情他的遭遇，平时很照顾苏轼，甚至每天晚上给他准备热水洗脚。苏轼见审判严厉，已经做了最坏的打算。他偷偷藏起了一些有毒的丹药，一旦知道自己要被处死，就将之服下。

长子苏迈每天去监狱给他送饭，但不能与他见面。苏轼悄悄与苏迈约好，若判了死刑，就改送鱼，以便做好心理准备。一日，苏迈因银钱用尽，需出京去借，便将为苏轼送饭一事委托远亲代劳，却忘记告诉远亲自己与父亲暗中约定之事。偏巧远亲那天送饭时，想着改善一下苏轼的伙食，于是给苏轼送去了一条熏鱼。

苏轼一见大惊，以为自己凶多吉少，便以极度悲伤之心，给苏辙写下两首诀别诗，满怀愧疚地将家小托付给苏辙：

圣主如天万物春，小臣愚暗自亡身。
百年未满先偿债，十口无归更累人。
是处青山可埋骨，他年夜雨独伤神。
与君今世为兄弟，又结来生未了因。

柏台霜气夜凄凄，风动琅珰月向低。

梦绕云山心似鹿，魂惊汤火命如鸡。
眼中犀角真吾子，身后牛衣愧老妻。
百岁神游定何处，桐乡知葬浙江西。

而这时，苏辙正为忙着营救苏轼而焦头烂额。他写了《为兄轼下狱上疏》呈给神宗，首先陈述自己与兄长的手足情深，因此冒死进言："臣早失怙恃，惟兄轼一人相须为命。今者窃闻其得罪，逮捕赴狱，举家惊号，忧在不测。……不胜手足之情，故为冒死一言。"又反复阐明苏轼实在并无大过，只是口无遮拦、好发议论："轼居家在官无大过恶，惟是赋性愚直，好谈古今得失。"并保证苏轼以后会谨言慎行，再也不犯："轼感荷恩贷，自此深自悔咎，不敢复有所为。"最后，苏辙还表示愿用自己的官职为哥哥抵罪："臣欲乞纳在身官以赎兄轼。"神宗看了苏辙的上疏也不免感动。

在苏轼危难之际，许多人落井下石，除了已退休的老臣张方平、范镇上疏论救外，为他奔走呼喊、向神宗求情的大臣屈指可数，大多数人战战兢兢，生怕牵连入案。

宰相王珪是"三旨相公"，世人讥讽他毫无作为，只会取圣旨、领圣旨、得圣旨而已。他以文学进用，连续为皇室起草诏书十八年，自认为文章天下第一，对苏轼嫉妒不已。此次苏轼落难，他见有机可乘，便向神宗进言，道苏轼诗"根到九泉无曲处，世间惟有蛰龙知"中"蛰龙"二字是具有"不臣"之心，挑唆神宗治他的罪。时任参知政事的章惇挺身而出，据理力争，指责王珪，护着苏轼，令王珪无话可说。

章惇还多次给苏轼写信安慰，令苏轼非常感动，并回信表示感谢，认为章惇是自己真正的朋友："然异时相识，但过相称誉，以成吾过，一旦有患难，无复有相哀者。惟子厚平居遗我以药石，及困急又有以收恤之，真与世俗异矣。"即使是后来作为政敌的章惇一再为难苏轼，苏轼也始终记得他这份危难之际拔刀相助的情义。

神宗的祖母太皇太后曹氏这时候病重，神宗去看望她，她便问起苏轼，神宗吃惊祖母为何知道苏轼的名字，曹太后说："当年仁宗皇帝初得苏轼、苏辙之日，回宫时高兴地说，今为子孙得太平宰相两名。"又问苏轼身在何处，神宗回答，苏轼正被关押在牢狱之中。曹太后叹道："因写诗文而系于牢狱，自从开国以来尚无先例呀。"不久，曹太后病情加重。为了促使祖母的病情好转，神宗准备大赦天下，并告知祖母。曹太后流泪道："皇帝大赦可免，但放了苏轼足矣。"过了几天，曹太后就去世了。有太皇太后求情，神宗惩治苏轼的心就更加动摇了。

这时王安石也站出来营救苏轼。他罢相后早已回到江宁隐居山林，不问世事，因此很晚才得知消息。震惊之余，他立刻修书一封，派人飞马进京呈给神宗皇帝，信中道："哪有杀才俊的圣明世道呢？"王安石的弟弟王安礼挺身而出，对神宗说："自古大度之君，不以言语罪人。"王安石的亲家、时任宰相的吴充也为苏轼说话："曹操猜忌如此，尚能容下祢衡。而陛下以尧舜为法，为何不能容下苏轼呢？"虽然王安石已经离开朝廷，但神宗对他依然最为敬重，所以神宗最终决定放了苏轼，从轻发落。

十二月二十九日，圣谕下发，苏轼死里逃生，贬谪为检校尚书水部员外郎、黄州团练副使、本州安置，相当于黄州武装部副部长，但无实权，只挂个头衔，且由官府代为看管，为犯官身份。苏轼的亲友苏辙、司马光等二十九人，也受到株连。驸马王诜被革除一切官爵。王巩被御史附带处置，发配西南。苏辙被降职，调到高安任筠州酒监。其他人则是罚了二十斤到三十斤的红铜，相当于一笔不小的罚款。至此，乌台诗案终于结束了。

苏轼坐了 130 天的牢，只道难逃一死。此番终于得救，初出狱时他心情畅快，一挥笔就又写了两首诗。这两首次韵原先的绝命诗，其序为“十二月二十八日，蒙恩责授检校水部员外郎、黄州团练副使，复用前韵二首”：

百日归期恰及春，余年乐事最关身。
出门便旋风吹面，走马联翩鹊啅人。
却对酒杯浑似梦，试拈诗笔已如神。
此灾何必深追咎，窃禄从来岂有因。

平生文字为吾累，此去声名不厌低。
塞上纵归他日马，城东不斗少年鸡。
休官彭泽贫无酒，隐几维摩病有妻。
堪笑睢阳老从事，为余投檄向江西。

苏轼似乎完全忘了刚刚脱离的生死大难，一出来就自夸“却对酒杯浑是梦，试拈诗笔已如神”，又高高兴兴地准备继续写了。“此灾何必深追咎，窃禄从来岂有因”，虽然被人陷害，但一切都已经过去了，他不再计较，也不会去报复别人，不会让怨恨和抱怨消耗自己宝贵的时间。

写完之后，苏轼猛然想起自己是因诗获罪，掷笔大笑，笑自己真是沉迷写诗，无药可救。

乌台诗案对苏轼来说是一场无妄之灾，时人刘安世评道："东坡何罪？独以名太高，与朝廷争胜耳。"这一巨大劫难成为他一生的转折点。死里逃生让苏轼有了一种大彻大悟的感觉，他成熟了，也通透了。

苏轼人生之旅的下一站是黄州，在那里，他成为智慧通透的苏东坡，是千百年来百姓最为熟知和喜爱的文学家。

贬谪黄州

在黄州，苏轼待了五年。初来黄州，他因犯官身份而没有权力，也没有俸禄，放眼望去，只有茫然无措，生活非常艰难。后来在《送沈逵赴广南》一诗中，苏轼写道："我谪黄冈四五年，孤舟出没风波里。古人不复通问讯，疾病饥寒疑死矣。"这首诗可谓是他在黄州时的写照了。

因为没有住宅，苏轼只得带着家眷先寄居在定惠院，此时他得脱大难，处于人生低谷，颇感世事无常，也觉人心险恶。一天夜晚，他独自出来散步，只看到一弯残月挂在疏落的梧桐树上，万籁俱寂，连滴漏的声音都没有，他感到从未有过的孤独与寒冷。这时，忽然有一只鸿雁的影子在天边一闪而过。

苏轼眺望远方，心中浮起无限遐想，这只孤鸿，是否也遭遇了同类的排挤与陷害，所以孑然一身，深夜独行呢？回去之后，苏轼写下了著名的《卜算子·黄州定惠院寓居作》：

缺月挂疏桐，漏断人初静。时见幽人独往来，缥缈孤鸿影。
惊起却回头，有恨无人省。拣尽寒枝不肯栖，寂寞沙洲冷[①]。

那只孤独但高傲的鸿影，其实就是苏轼此时心境的写照。黄庭坚后来赞此词道："语意高妙，似非吃烟火食人语，非胸中有万卷书，笔下无一点尘俗气，孰能至此！"

定惠院附近的小山上草木葱茏，春天时杂花满山，其中有海棠一株，开花时如同胭脂含雪，美玉生晕。苏轼很喜欢这株海棠，花开之时，都要和朋友一起置酒赏花。朋友参寥禅师不喝酒，就以枣汤代酒。

海棠有"花中神仙"之称，是名贵花种，因此，在众多花儿之中分外醒目。与犹如美人笑靥的海棠相比，漫山的桃杏也显得平淡了。它原本不应该属于这山野之间，可是为什么在这里呢？苏轼为这株海棠写了一首《寓居定惠院之东，杂花满山，有海棠一株，土人不知贵也》，对此解答："也知造物有深意，故遣佳人在空谷。"苏轼相信，上天如此安排必定是有深意的吧，因此将海棠遣在空山之中寂寞开放，就如上天让自己遭遇贬谪黄州的命运一般。在这一刻，苏轼涌起了"同

① 一作"枫落吴江冷"。

是天涯沦落人，相逢何必曾相识”的感慨。诗中，苏轼细细描画海棠之美，有若佳人，浅颦轻笑，无有不美：“自然富贵出天姿，不待金盘荐华屋。朱唇得酒晕生脸，翠袖卷纱红映肉。林深雾暗晓光迟，日暖风轻春睡足。雨中有泪亦凄怆，月下无人更清淑。”

苏轼爱海棠，后来在自己家中也种了一株，白日欣赏不够，夜里也要点燃蜡烛继续赏花，并写下《海棠》一诗：

东风袅袅[①]泛崇光，香雾空濛月转廊。
只恐夜深花睡去，故烧高烛照红妆。

春风袅袅，春色摇曳。海棠香气融在朦胧雾中，月光已经缓缓移过了回廊。担心夜深了，花儿也会疲倦睡去，于是点燃了蜡烛，来照亮海棠的秀丽容颜。无论在怎样的境遇之下，苏轼对生活的热爱、对美好事物的热爱从未熄灭。

过了一段时间，苏轼从定惠院搬迁到长江边上的临皋亭，生活依然拮据。他曾在《迁居临皋亭》中这样描述：“全家占江驿，绝境天为破。饥贫相乘除，未见可吊贺。”每月初他取出四千五百钱分成三十份，每份一串，并分挂在住所的屋梁上，每天早上用画叉挑下一串作为当天的生活费，然后立刻将画叉藏起，免得忍不住花多了。如果当天的钱没用完，就用大竹筒储存起来，用来招待宾客。

---

① 一作“渺渺”。

住在临皋亭的简朴屋舍，苏轼却感到心旷神怡，如拥有寰宇间的无边风月。他得意地向司马光炫耀他所处的山水胜景，写信说：“风涛烟雨，晓夕百变，江南诸山，在几席上，此幸未始有也。”他写信给范镇的儿子范子丰，跟他开玩笑：“江水风月，本无常主，闲者便是主人。闻范子丰新第园池，与此孰胜？所以不如君者，上无两税及助役钱耳。”在给堂兄苏子明的信里，苏轼阐明了自己如此快乐的原因：“吾兄弟老矣，当以时自娱。世事万端，皆不足介意。所谓自娱乐者，亦非世俗之乐，但胸品廓然无一物，即天壤之内，山川草木虫鱼之类，皆是供吾家乐事也。”

弟子秦观关心老师，写信问候苏轼。苏轼给他回信，夸赞黄州的美食：“村酒亦自醇酽，柑桔椑柿极多。大芋长尺余，不减蜀中。外县米斗二十，有水路可致。羊肉如北方。猪牛獐鹿如土，鱼蟹不论钱。”

他也不止一次地想起家乡，想念那个生命最初开始的地方，想念家乡的美食，想念昔日一起无拘无束地吃瓜子、炒豆的伙伴们，他写信给妻弟王元直，诉说思乡之情：“但有少望，或圣恩许归田里，得款段一仆，与子众丈、杨文宗之流，往来瑞草桥，夜还何村，与君对坐庄门，吃瓜子、炒豆，不知当复有此日否？”他也写信给堂兄苏子安，想象书信到时堂兄家欢聚一堂、其乐融融的场景：“此书到日，相次，岁猪鸣矣。老兄嫂团坐火炉头，环列儿女，坟墓咫尺，亲眷满目，便是人间第一等好事，更何所羡。”

到黄州的第二年，苏轼在老友马正卿的多方奔走下向黄州府求得城东门外故营地五十九亩。马正卿，字梦得，早在苏轼赴凤翔为官时就辞掉自己的太学正职务追随他了。

这块地，取个什么样的名字呢？苏轼原本就钦佩白居易，在杭州时就常以白居易自比，在《去杭州》诗中苏轼曾说过：“出处依稀似乐天，敢将衰老较前贤。”白居易被贬忠州刺史时，在城东坡地上率领童仆手植花木，并写下《东坡种花二首》《别种东坡花树两绝》《步东坡》等诗。于是，苏轼便将这块地取名“东坡”，并自号东坡居士。从此，“苏东坡”这个深入人心的名号就诞生了，而且其在民间的知名度大大超过了苏轼的本名。

苏轼换上了农夫的衣服亲自劳作，躬耕田间地头。王闰之、朝云和儿子们也随他一起劳作。第二年，东坡地收获了两千多斤大麦。苏家人于是就吃起了大麦饭，但大麦饭吃起来甘酸浮滑，有西北村落气味。于是苏轼尝试将大麦和红豆掺和在一起，做成了“二红饭”，孩子们吃得津津有味。苏轼为此作《二红饭》记之。

但毕竟有了田地，生活改善了不少。于是，苏轼颇为愉快地写了《东坡八首》，末一首中，还不忘调侃老友马正卿：

马生本穷士，从我二十年。
日夜望我贵，求分买山钱。
我今反累君，借耕辍兹田。
刮毛龟背上，何时得成毡。
可怜马生痴，至今夸我贤。
众笑终不悔，施一当获千。

苏轼开玩笑说，马正卿穷得叮当响，与他结交二十年，一直希望他能大富大贵，好能分些钱财。但是事到如今，反倒是自己拖累了马正卿，让他费尽心思为自己求得耕田。要想跟着自己发财，就好比是从乌龟背上刮毛想织毯一样。可是，马正卿这个人哪，还痴痴傻傻地认为他是一个贤人，哪怕再多的人取笑也不曾改变。苏轼幽默的笔端蕴藏着无限的温情，他希望自己有朝一日能回报朋友的这份恩情。

苏轼还在田地周围种上树木，修筑了五座简陋的房屋，取名雪堂，并在墙壁上画上雪景图，作为会客之所。这样就可以在雪堂中和朋友自在地谈天说地了。苏轼兴奋地写下《雪堂记》以记之。他还在写给李常的信中说："穷苦之中，亦自有乐事。"

此时的苏轼，完全是普通农夫打扮，和他往日的儒雅文士形象截然不同，倒与他心中偶像陶渊明很是接近了。苏轼喜读陶诗，曾自评因何喜欢陶渊明，是因为其"真"："古今贤之，贵其真也。"甚至还在《江城子》中作"只渊明。是前生。走遍人间，依旧却躬耕"。认为陶渊明是自己的隔代知音，自己走遍人间，也是回归田园，这与陶渊明何其相似。他于是给自己取了个外号，叫作"鏖糟陂里陶靖节"。苏轼从陶渊明的身上学到了生命的旷达与超脱，使得他终于也超越了这凡俗的生活，从文学走向哲学，思想之深邃已非一般文人所能及。

苏轼还亲自将陶渊明的《归去来兮辞》谱曲成歌，与当地的农民一起传唱，从田园生活中感受到了真正的快乐，即为《哨遍》：

> 归去来，谁不遣君归。觉从前皆非今是……但小窗容膝闭柴扉。策杖看、孤云暮鸿飞。云出无心，鸟倦知还，本非有意。

噫！归去来兮。我今忘我兼忘世。亲戚无浪语，琴书中有真味。
步翠麓崎岖，泛溪窈窕，清清暗谷流春水……

自号东坡居士的苏轼，终于涅槃重生。他给朋友李之仪写信，表示在黄州时，他默默反省自己三十年来的所作所为，消去了恃才傲物的书生气与多愁善感的文人气，由锋芒毕露转为光华内敛，变得更为平和稳健、通透坚韧："足下所见，皆故我，非今我也。无乃闻其声不考其情，取其华而遗其实乎？"从前种种，譬如昨日死；今后种种，譬如今日生。苏轼于信中幽默说道，李之仪只认得从前那个苏轼，还不认识如今这个脱胎换骨的苏东坡。

苏轼更加豁达开朗，淡泊名利，无论在哪里他都能随遇而安，自得其乐。他还写下了《东坡》一诗：

雨洗东坡月色清，市人行尽野人行。
莫嫌荦确坡头路，自爱铿然曳杖声。

这是一个雨过天晴的夜晚，雨水已经把东坡洗得干干净净，月光皎洁清亮。因为地处偏僻，城里的人早已离开，只有山野中人在这里散步。独自走在这荒凉又坎坷的山坡上，苏轼并未感到沮丧或者难过，而是悠闲地倾听着自己的竹杖敲击山路的清音，觉得分外悦耳。

苏轼曾经手抄杜甫《屏迹》诗，并在诗下戏题："此东坡居士之诗也。"认为杜甫这首诗字字句句都是自己在黄州时的真实写照，自在悠然，朴实淳静，好像就是自己写的一样：

用拙存吾道，幽居近物情。桑麻深雨露，燕雀半生成。
村鼓时时急，渔舟个个轻。杖藜从白首，心迹喜双清。

晚起家何事，无营地转幽。竹光团野色，舍影漾江流。
失学从儿懒，长贫任妇愁。百年浑得醉，一月不梳头。

衰颜甘屏迹，幽事供高卧。鸟下竹根行，龟开萍叶过。
年荒酒价乏，日并园蔬课。犹酌甘泉歌，歌长击樽破。

元丰五年（1082 年），三月七日，苏轼正行在沙湖道上，不巧赶上了下雨，行人都在躲雨，狼狈不堪，只有他浑然无觉，拄着竹杖、穿着草鞋，冒着料峭春风，继续前行。遇到风雨又怕什么呢？一身蓑衣就可以轻松应付。过了一会儿，天放晴了，夕阳晚照，青山幽幽，于是苏轼就写下了一首著名的《定风波》，蕴含满满的乐观与豁达之意：

莫听穿林打叶声。何妨吟啸且徐行。竹杖芒鞋轻胜马。谁怕。一蓑烟雨任平生。

料峭春风吹酒醒。微冷。山头斜照却相迎。回首向来萧瑟处。归去。也无风雨也无晴。

这首词宛若有他少年时所评论的夏侯玄之名士风度，气定神闲、处变不惊，充满了平和与宁静之感，“料峭春风”“山头斜照”等意象又满是温暖和亲切。遇到人生的风雨又如何呢？就这样一蓑烟雨任平生。世间一切风云变幻，唯有安步缓行，坦然面对，如此洒脱。

在黄州的一个秋夜，苏轼正欲睡下，见月色清亮明澈，于是欢喜地爬起来去赏月。他觉得独自一人赏月未免太过寂寞，便去找到朋友张怀民，正好张怀民还没睡，于是两人一起在庭院中散步。

庭院中月色如水光一般流动，而这“水”中如水藻一般交错的，是竹子和柏树的影子。哪里没有月光，哪里没有松柏呢？少的只是像自己和张怀民这种深夜赏月的闲人罢了。苏轼便写下了一篇《记承天寺夜游》的小文：

元丰六年十月十二日夜，解衣欲睡，月色入户，欣然起行。念无与为乐者，遂至承天寺，寻张怀民，怀民亦未寝，相与步于中庭。庭下如积水空明，水中藻荇交横，盖竹柏影也。何夜无月，何处无松柏，但少闲人如吾两人者耳。

只要拥有宁静平和的心态，人世间到处都能发现美好的事物。明代徐渭盛赞苏轼：“极有布置而无布置痕迹者，千古东坡一人而已。”清代的储欣评论此文：“仙笔也。读之觉玉宇琼楼，高寒澄澈。”

这样的随笔小文，苏轼在黄州时写了许多。他仿佛只是泛泛记录日常生活的片段，随手点染而已，却别有意蕴，文气横溢，充满着性灵之美，对后世散文尤其是晚明时期的作品影响至深。《书临皋亭》亦是此时的名作：

东坡居士酒醉饭饱，倚于几上。白云左缭，清江右洄，重门洞开，林峦坌入。当是时，若有思而无所思，以受万物之备，惭愧！惭愧！

在黄州，苏轼与很多百姓也交上了朋友，扁舟草鞋，放浪于山水间。他曾道："我上可以陪玉皇大帝，下可以陪卑田院乞儿。"苏辙劝他择交，他大笑说："但我眼见天下无一不好人哪！"黄州百姓不认识这个早已名满天下的文士，以为只是个普通农夫。甚至有醉汉推他骂他，他也不以为意，且"自喜渐不为人识"。

他与田间百姓、水边渔夫、山中樵夫都能愉快地聊天，毫无阻碍地融入他们之间。有次聊着聊着，苏轼便要求对方讲故事，对方说没有什么故事可讲，苏轼便道："讲鬼故事也可以。"对方愕然，说："我不会讲鬼故事。"苏轼笑道："你姑妄言之，我姑妄听之。"众人皆笑之。若有有趣的见闻，苏轼便记录下来。这些片段式的笔记，后来被收入《东坡志林》中。

苏轼认识的朋友之中，有一个叫作李岩的人特别喜欢睡觉。午饭之后，众人一起下棋，李岩在躺椅上一躺就睡着了。待到旁人下了一会儿后，李岩翻了个身，问："下了几局了？"不过短短一觉，棋盘上却已经有过几番输赢了。李岩喜欢在棋盘上用一个黑子独自作战，"着时自有输赢，着了并无一物"。此中妙处，苏轼认为很有老师欧阳修的诗中意境："夜凉吹笛千山月，路暗迷人百种花。棋罢不知人换世，酒阑无奈客思家。"

有一天，苏轼与朋友们赏花喝酒之后，去一位姓尚的人家休息。尚氏人家有竹林和花圃，干净整洁，如吴越一带的人家。苏轼不胜酒力，醉躺在小板阁上，不知睡了多久，醒来之时，听见朋友崔成老在弹奏雷氏琴，琴声铮铮，如风悲鸣，如月清朗，苏轼觉得心神俱畅，仿佛不在人间一般。

晚上，苏轼来到城东，买了一个大木盆，准备在里面注入清水，浸上西瓜和李子，这样在夏日就有清凉的瓜果吃了。然后苏轼和朋友们又来到了尚氏人家的竹园拜访。在这里，他们遇到一个叫刘唐年的主簿，他送给他们一种油炸小吃，苏轼吃后觉得“味极美”。回家的路上，苏轼还带了一丛橘树，准备移植到雪堂的西边。这时与苏轼一同游玩的朋友徐得之因为马上就要启程到闽中去，不知什么时候才能再见面，于是恳请苏轼记下这天之事，苏轼便写了一篇《记游定惠院》送给他。

这样的一天，看似寻常，却极是风雅。赏花，饮酒，听琴，吃食，种种风雅之事，苏轼都是和友人一起，显示出深厚的人情味儿和浓郁的生活情趣。

元丰五年（1082年）的一个深秋之夜，苏轼在东坡雪堂独自饮酒，醉后醒了又喝醉，醉了又醒来，回临皋亭的时候几乎到三更了。家里的童仆早已睡得鼾声如雷，怎么敲门也不应。苏轼只好独自倚着藜杖，静静倾听江水奔涌的声音。那声音让苏轼想起了很多往事，不由得深感惆怅。

人在江湖，身不由己，什么时候能忘却那些官场之事？不如就趁着这夜深无人、风平浪静，驾起一叶小舟，从此消逝俗世之中，自在地畅游在江海之中，了此余生。他作下一首《临江仙·夜归临皋》：

> 夜饮东坡醒复醉，归来仿佛三更。家童鼻息已雷鸣。敲门都不应，倚杖听江声。

长恨此身非我有，何时忘却营营。夜阑风静縠纹平。小舟从此逝，江海寄余生。

苏轼风神潇洒，不愿被官场束缚，然而难以摆脱尘世羁绊，他想要乘着一叶小舟，驶进大自然的怀抱，获得绝对的精神自由，便如庄子笔下的姑射真人，可以吸风饮露，御风而行。他以“小舟从此逝，江海寄余生”来表达对在天地之间逍遥游的渴望，孤独而又旷达，骄傲而又伤感。

据宋人叶梦得《避暑录话》记载，苏轼这首词第二天便已传遍黄州，而且伴随着各种传言，传言越来越离谱，人们甚至说苏轼作完此词后便真的上了一叶小船，自江上飘然而去。黄州知州徐君猷听到传言，吓了一跳。他跟苏轼是知交好友，对他十分关心，又担负着监管苏轼的责任，于是急急忙忙带人赶到临皋亭查看，谁知苏轼还在屋里呼呼大睡，徐君猷不禁失声大笑。

这一年，又有一个关于苏轼的谣言流传，甚至都传到京师去了。苏轼在当时因为风湿和眼疾，有几个月在家休养，闭门不出。同年曾巩在江宁去世，享年六十五岁。结果有人谣传苏轼也在同一天去世了。神宗也听闻了此谣言，就问苏轼的姻亲蒲宗孟，蒲宗孟说确实听到此传闻，但不知真假。神宗当时正要吃午饭，立刻变得食不下咽，叹了口气说：“这样的人才再也难得。”便怅然离去。

范镇也听到了消息，他以为苏轼真的去世了，大哭了一场，然后吩咐家人去送丧礼。家人说这个消息还没有核实，应该去黄州打听清楚才好。于是范镇便写了一封信，派人去黄州找苏轼。苏轼接了书信才知道有这么一个乌龙事件，大笑不止，给范镇回信说：“我这一生所经受到的诋毁和赞誉，差不多都是这种捕风捉影的谣传哪。”

在黄州，苏轼还重遇了故友陈季常。苏轼在凤翔之时，与陈希亮不和，但与陈希亮的儿子陈季常却是好朋友。离开凤翔之后，二人已有十多年没有见过面了。

元丰三年（1080 年）正月，苏轼在被贬谪途中，过麻城县后，离岐亭镇还有二十五里处的一座山上，忽然见到远处有一辆马车，白色骏马，青色车篷。待到近了，陈季常便从马车中走了出来，令苏轼又惊又喜。

原来陈季常已在岐亭镇上做了隐士，号方山子，又称龙丘先生。当年在西山初见，陈季常还是个鲜衣怒马的翩翩少年，身手不凡的飒爽侠士，中年再见时，他却成了一个沉静淡然的隐士，虽然眉宇间犹有当年英气勃勃的神色。苏轼感叹：“这怎么会是一位隐居山中的人呢？”陈季常并不在乎世俗名利，粗茶淡饭，徒步往来山间，不与世相闻。陈季常曾经邀请苏轼去家中做客，苏轼见他家中“环堵萧然”，但他并不因此而惭愧或者不安，妻子奴婢也皆是一派怡然自得的样子。其实陈家是官宦世家，极其富裕，在洛阳有园林宅邸，在河北有田地，但陈季常甘于清贫，如闲云野鹤。

此后，苏轼三次到岐亭镇见陈季常，陈季常也曾七次来黄州见苏轼。黄州与岐亭镇相距一百二十余里，两人却并不觉奔波之苦。苏轼一到陈家，陈季常全家上下都忙着杀鸡宰鹅招待苏轼，热闹非凡，“绕村捉鹅鸭”“蔬果照巾幂”，令苏轼十分感动。虽然陈季常已经隐居，但当年游侠之时在江湖中名气颇著，是地方豪侠心中的偶像，因此当他到黄州看望苏轼时，每天都会收到千里迢迢赶来的江湖人士想要求见他的拜帖。不过，陈季常全部拒绝，只是日日与苏轼相处。二人谈古论今，情义越发深厚。

苏轼为陈季常写下《方山子传》，称赞陈季常的潇洒淡泊之心境。但这篇文章流传度并不广。真正使陈季常名留千古的是苏轼所作的一篇调侃之作。陈季常妻子柳夫人以凶悍嫉妒闻名，陈季常对她多有畏惧。陈季常好宾客，也喜歌伎。但每当陈季常宴客，如有歌伎在场，柳夫人就会气呼呼地以杖击壁，把客人吓得赶紧告别，豪侠隐士陈季常则不敢作声。

因为陈季常很怕柳夫人，苏轼便经常拿他开玩笑。有一次苏轼给朋友吴德仁写了一首诗，给陈季常也抄了一份，即《寄吴德仁兼简陈季常》，其中有句："龙丘居士亦可怜，谈空说有夜不眠。忽闻河东狮子吼，拄杖落手心茫然。"将潇洒任侠的陈季常惧内的一面描写得活灵活现，后世则以"河东狮吼"称呼强势的女子。

赤壁之赋

自从到了黄州，苏轼就经常涌起“人生如梦”之感叹，他曾和几位朋友一起在正月里出城寻春。他们在江城边上的酒馆，喝了三杯醇酒，酒家老人白发苍苍，笑容淳朴，令苏轼颇感温暖。微醺之中，苏轼写下了一首《正月二十日，与潘、郭二生出郊寻春，忽记去年是日同至女王城作诗，乃和前韵》：

东风未肯入东门，走马还寻去岁村。
人似秋鸿来有信，事如春梦了无痕。
江城白酒三杯酽，野老苍颜一笑温。
已约年年为此会，故人不用赋《招魂》。

“人似秋鸿来有信，事如春梦了无痕”成了苏轼诗中的名句，人就像秋天的鸿雁一般，来来去去都有痕迹可循，可那往事，就如同一场春梦，醒来之后，了无痕迹。又如他这首作于中秋的《西江月》：

世事一场大梦，人生几度秋凉。夜来风叶已鸣廊。看取眉头鬓上。

酒贱常愁客少，月明多被云妨。中秋谁与共孤光。把盏凄然北望。

苏轼感叹人生的虚幻与短暂。世上万事便如同一场大梦，人生又能经历几度新凉的秋天？夜晚，风吹木叶之声已响彻回廊，而镜中自己的眉头又锁愁思，鬓边亦生白发。酒价便宜，客人反而少了，月亮虽明，却总是被云彩遮住。这孤独的中秋之夜，谁跟自己一起共赏月光呢？只能举着酒杯，凄然望向北方的汴京。

“凄然北望”，表明苏轼胸中并未忘却朝廷。受陶渊明影响，苏轼也有一颗向往自由和隐逸之心。他曾作《游金山寺》，诗云：“我谢江神岂得已，有田不归如江水。”其归隐之心由此可见。但他的胸中始终涌动着入世的热情，因此，每次担任官职，他都尽可能地做好本分，为老百姓谋福利。他真正做到了穷则独善其身，达则兼济天下。即使此时被贬黄州，苏轼仍在《与滕达道六十八首》之二十中说：“虽废弃，未忘为国家虑也。”

在遭遇乌台诗案之后，苏轼的整个人生观都发生了巨大的变化。他变得越发通透了，但依然饱含着对这个世界的爱。在看透了这个世界的恶之后，他依然爱它。他曾作《东栏梨花》：

梨花淡白柳深青，柳絮飞时花满城。
惆怅东栏二株雪，人生看得几清明。

梨花已白，柳树已青，柳絮飘飞时梨花也已开满城。惆怅地倚靠着东栏看那重重叠叠的如雪梨花，又有几人能看透这复杂的人生。他向往着当一个简简单单的渔夫，在江上逍遥自在，把酒论古今，远离一切纷争困扰，便作《渔父·渔父醒》：

渔父醒，春江午，梦断落花飞絮。酒醒还醉醉还醒，一笑人间今古。

在黄州，苏轼常常竹杖芒鞋，独自出游。或月夜泛舟，或深山徜徉，他想在大自然中感受美与自由，更想在大自然中安顿自己疲惫的灵魂。他曾多次到黄州城外的赤壁山游览，写下了《前赤壁赋》《后赤壁赋》和《念奴娇·赤壁怀古》等千古名作。

苏轼听当地的人说，赤壁山是周瑜大破曹军的地方，他也不知道是否真是如此。只见赤壁山断崖壁立，江水深碧，风景很是幽美。风平浪静之时，苏轼便乘小舟到赤壁山下，舍舟登岸。岸边多有细石，温莹如玉，呈深浅红黄之色，石上细纹如人手指纹一般。苏轼游览了几次，每次都会拣一些光滑美丽的石子，竟拣了二百七十枚，大者如枣栗，小者如芡实。苏轼于是寻了一古铜盆盛之，注满清水，群石粲然。

这天苏轼和友人李邦直又一同泛舟赤壁，二人谈起三国历史，李邦直感叹说："周瑜二十四岁就在谋划统一中原，我今年四十岁了，但只擅长吃饭睡觉，与周瑜一贤一愚，相差太远了。”周瑜二十多岁就执掌江东大都督之职，仅在孙权一人之下；三十多岁便指挥了赤壁之战，年少得志，天下闻名，身边又有绝代的美人相伴。当时三国乱世，英雄辈出，而周瑜是这些英雄里面格外出色的一个。

苏轼神往之间，忽然想到自己，不免黯然伤神，自己也已经四十多岁，白发已生，然而仕途受阻，如今贬谪在外，功业难成。人生犹如梦一场，那昔日盖世的英雄早已归于尘土。在永不停止的时间面前，再杰出的个人都是渺小的，都将消失在历史的滚滚车轮之中。何况此时的悲喜得失呢，那些都只会渺如尘埃，风轻轻一吹便了无痕迹。

想明白了这点，苏轼豁然开朗了，他对着江上的明月洒上一杯酒，祭奠昔日的英雄：

大江东去，浪淘尽、千古风流人物。故垒西边人道是，三国周郎赤壁。乱石穿空，惊涛拍岸，卷起千堆雪。江山如画，一时多少豪杰。

遥想公瑾当年，小乔初嫁了，雄姿英发。羽扇纶巾谈笑间，强虏[①]灰飞烟灭。故国神游，多情应笑我，早生华发。人生如梦，一尊还酹江月。

这首《念奴娇·赤壁怀古》后来成为苏轼知名度最高的作品。苏轼忍不住又拿得意之作跟第一词人柳永的词相比，问一位来访的客人：

---

① 一作“樯橹”。

“我的词比柳永如何？”客人回答说：“柳郎中词，只合十七八女孩儿，执红牙拍板，唱杨柳岸晓风残月。学士词，须关西大汉，执铁板，唱大江东去。”苏轼听后抚掌大笑。

元丰五年（1082 年）七月十六日，苏轼、杨世昌和潘大临等友人结伴在赤壁下泛舟游玩。清风阵阵拂来，水面波澜不起。朋友们举起酒杯向同伴敬酒，纷纷吟诵着与明月有关的文章。

过了一会儿，众人看到一轮明月从东山后冉冉升起，徘徊在斗宿与牛宿之间。茫茫雾气横贯江面，清凌凌的水光直连天际。苏轼与友人就任凭这一叶扁舟在漫无边际的江上漂荡。仿佛凭空乘风，不知何时停止；又仿佛遗弃了这喧嚣尘世，成了神仙，而进入至美的仙境之中。

众人喝酒喝得高兴，用手叩击着船舷唱起歌来：“桂棹兮兰桨，击空明兮溯流光。渺渺兮予怀，望美人兮天一方。”杨世昌吹起了洞箫，按着节奏为歌声伴和，洞箫发出的呜呜声，有如哀怨有如思慕，像是哭泣又像倾诉，尾声更是婉转悠长，袅袅不绝。其中蕴含的凄凉之意，能使深谷中的蛟龙为之起舞，能使孤舟上的妇人听了落泪。

苏轼被箫声感染，不由得也感到忧愁凄怆，他问杨世昌为何要吹出这样哀怨的箫声。杨世昌回答：“月明星稀，乌鹊南飞，这不是曹操之诗吗？从这里向西可以望到夏口，向东可以望到武昌，山河接壤，连绵不绝，一片苍翠，这不正是曹操被周瑜围困的地方吗？当初他攻陷荆州，夺得江陵，沿长江顺流东下，战船延绵千里，旌旗遮天蔽日，何等威风。他在江边持酒而饮，横槊吟诗，又是何等快意，不愧为一代枭雄，而今天，曹操又在何方呢？何况我与你，我们就只是在江边的水渚上捕鱼砍柴，与鱼虾做伴，与麋鹿为友，驾着这渺渺一叶小舟，举起杯盏相互敬酒。我们就如同蜉蝣置身于广阔的天地中，像沧海中的一粒粟米那样渺小。因此我不由得哀叹，我们的一生不过是弹指瞬间而已。真是羡慕滚滚长江，它永远没有穷尽之时。我想与仙人携手遨游各地，与明月相拥而永存世间。但知道无法实现，我只能把这些幻想寄托在悲凉的秋风中罢了。”

苏轼静默半晌，安慰杨世昌说道：“你可也知道这水与月？江水不断流逝，其实并没有减少；月亮时圆时缺，但是最终并没有增损。可见，从事物易变的一面看来，天地间无时无刻不在发生变化；而从事物不变的一面看来，万物与自己的生命同样无穷无尽，又有什么可羡慕的呢！何况天地之间，万物各有所主，若不是自己应该拥有的，即便是一分一毫也不能求取。只有江上清风，以及山间明月、耳边之声、眼中之色，取得它们不会有人禁止，享受它们也永远不会有竭尽之时。这是造物者恩赐的无穷无尽之巨大宝藏，而你我可以一起尽情享用。”苏轼劝慰朋友，时光飞逝，人生短暂，这是不可改变的自然规律，忧愁也没有用。人生在世，只要尽享这大自然的馈赠，珍惜万事万物的美好，便已足矣。当将有限的生命融入无限的自然时，刹那也可以是永恒。

杨世昌和其他朋友都笑了，高高兴兴地继续喝酒。菜肴和果品终于都被吃完，桌上只剩下一片凌乱的杯碟。朋友们在船里横七竖八地睡去，不知不觉天边已白。

就在这天晚上，苏轼笔端流淌出了一首千古名作《前赤壁赋》：

壬戌之秋，七月既望，苏子与客泛舟游于赤壁之下。清风徐来，水波不兴。举酒属客，诵明月之诗，歌窈窕之章。少焉，月出于东山之上，徘徊于斗牛之间。白露横江，水光接天。纵一苇之所如，凌万顷之茫然。浩浩乎如凭[1]虚御风，而不知其所止；飘飘乎如遗世独立，羽化而登仙。

于是饮酒乐甚，扣舷而歌之。歌曰："桂棹兮兰桨，击空明兮溯流光。渺渺兮予怀，望美人兮天一方。"客有吹洞箫者，倚歌而和之。其声呜呜然，如怨如慕，如泣如诉，余音袅袅，不绝如缕。舞幽壑之潜蛟，泣孤舟之嫠妇。

苏子愀然，正襟危坐而问客曰："何为其然也？"客曰："'月明星稀，乌鹊南飞'，此非曹孟德之诗乎？西望夏口，东望武昌，山川相缪，郁乎苍苍，此非孟德之困于周郎者乎？方其破荆州，下江陵，顺流而东也，舳舻千里，旌旗蔽空，酾酒临江，横槊赋诗，固一世之雄也，而今安在哉？况吾与子渔樵于江渚之上，侣鱼虾而友麋鹿，驾一叶之扁舟，举匏尊[2]以相属。寄蜉蝣于天地，渺沧海之一粟。哀吾生之须臾，羡长江之无穷。挟飞仙以遨游，抱明月而长终。知不可乎骤得，托遗响于悲风。"

苏子曰："客亦知夫水与月乎？逝者如斯，而未尝往也；盈虚者如彼，而卒莫消长也。盖将自其变者而观之，则天地

---

① 一作"冯"。

② 一作"樽"。

曾不能以一瞬；自其不变者而观之，则物与我皆无尽也，而又何羡乎！且夫天地之间，物各有主，苟非吾之所有，虽一毫而莫取。惟江上之清风，与山间之明月，耳得之而为声，目遇之而成色，取之无禁，用之不竭，是造物者之无尽藏也，而吾与子之所共适。”

客喜而笑，洗盏更酌。肴核既尽，杯盘狼藉。相与枕藉乎舟中，不知东方之既白。

三个月后的十月十五日，苏轼从雪堂出发，准备回临皋亭。有两位朋友跟随着他，一起走过黄泥坂。这时霜露已经降下，叶子也全都坠落在地。人的身影倒映在地上，抬头便可以望见明月高悬，低首则是一地水银般的月光。

三人都觉得很愉悦，开始边走边唱，相互酬答。过了一会儿，一个朋友叹息地说：“有客人却没有酒，有酒却没有菜。月色皎洁，清风吹拂，这样美好的夜晚，我们怎么度过呢？”另一位朋友说：“今天傍晚，我撒网捕到了鱼，大嘴细鳞，像是吴淞江的鲈鱼。菜是有了，不过，到哪里去弄酒呢？”苏轼回家和妻子王闰之商量，结果让他十分欢喜。贤惠的王闰之早就备有一斗酒，收藏了很久，就是为了应付苏轼的不时之需。

于是，苏轼和朋友们再次携酒到赤壁的下面游览。长江流水发出声响，陡峭的江岸都在水边直耸着；山峦很高，月亮显得小了，水位降低，礁石露了出来。不过相隔几个月，赤壁风光便与之前大有不同。苏轼想要上山去瞧瞧，两位朋友都不敢一起前去。于是苏轼独自撩起衣襟上岸，踏着险峻的山岩，拨开纷乱的野草，蹲在虎豹形状的怪石上，又不时拉住形如虬龙的树枝，攀上猛禽做窝的悬崖，一直爬到最高处，然后往下望，只见江水幽深，仿佛能看到水神冯夷的深宫。

苏轼站在岩石之上，极目远眺，忍不住放声长啸，草木悚然而动，高山与他共鸣，大风刮起，江波汹涌。他忽然感到一种不可言说的悲哀，伴随着忧愁以及恐惧，于是不敢多待，走下山来。

苏轼和朋友们回到船上，把船划到江心，躺在船上，让船随着江水任意漂流。这时快到半夜，苏轼眺望四周，只觉冷清寂寞。正好有一只鹤横穿江面从东边飞来，翅膀像车轮一样大小，身上羽毛如同洁白的衣衫。它拉长声音鸣叫着，掠过他们的船向西遥遥飞去。

过了一会儿，朋友们告辞离开，苏轼也回到家中睡下了。他梦见了一位道士，身穿羽衣，走过临皋亭的下面，向他拱手作揖说："游览赤壁快乐吗？"苏轼问他的姓名，他低头不答。苏轼猛然想起那只横江东渡的鹤来，说道："噢！哎呀！我知道你是谁了。昨天夜晚，边飞翔边鸣叫着从我船边经过的，不就是你吗？"道士回头微微一笑，苏轼也忽然惊醒。他赶紧开门一看，哪里找得到道士的所在呢。

那只鹤，真的是梦中的道士吗？还是苏轼渴望自由与超越的象征呢？这天夜晚，苏轼也写下了一篇同样名垂千古的《后赤壁赋》：

是岁十月之望，步自雪堂，将归于临皋。二客从予过黄泥之坂。霜露既降，木叶尽脱，人影在地，仰见明月，顾而乐之，行歌相答。已而叹曰："有客无酒，有酒无肴，月白风清，如此良夜何！"客曰："今者薄暮，举网得鱼，巨口细鳞，状如松江之鲈。顾安所得酒乎？"归而谋诸妇。妇曰："我有斗酒，藏之久矣，以待子不时之需。"于是携酒与鱼，复游于赤壁之下。江流有声，断岸千尺；山高月小，水落石出。曾日月之几何，而江山不可复识矣。予乃摄衣而上，履巉岩，披蒙茸，踞虎豹，登虬龙，攀栖鹘之危巢，俯冯夷之幽宫。盖二客不能从焉。划然长啸，草木震动，山鸣谷应，风起水涌。予亦悄然而悲，肃然而恐，凛乎其不可留也。反而登舟，放乎中流，听其所止而休焉。时夜将半，四顾寂寥。适有孤鹤，横江东来。翅如车轮，玄裳缟衣，戛然长鸣，掠予舟而西也。

须臾客去，予亦就睡。梦一道士，羽衣蹁跹，过临皋之下，揖予而言曰："赤壁之游乐乎？"问其姓名，俯而不答。呜呼噫嘻，我知之矣！畴昔之夜，飞鸣而过我者，非子也耶？道士顾笑，予亦惊悟。开户视之，不见其处。

在赤壁的三次歌咏，使得赤壁此地名扬天下，形成了著名的"文赤壁"景点，从此黄州赤壁又有"东坡赤壁"之称。赤壁三咏，也标志着苏轼的思想已经走向深邃、成熟，走向了更高的人生境界。他对自己进行了反省和超越，生命格局被彻底打开，精神在寰宇之间尽情驰骋，作品出现了崭新的气象。

这期间，苏轼创作了大量诗词文章，进入创作的高峰期。他的诗歌风格由丰赡流丽转向了清旷澹远；作词则进一步以诗入词，豪迈超逸，隐然已另外开宗立派；写文则从以往的策论、政论等议论性散文走向了更富审美性与艺术性的随笔性散文，进入了新的写作阶段。

除了文学创作之外，苏轼还开始了学术研究之路，他埋头著述，完成了对《周易》《论语》的注释初稿，借以阐发自己的学术思想和政治思想，结成《易传》九卷，《论语说》五卷。当然其中也有苏洵和苏辙的思想。苏洵本有未成书的《易传》遗稿嘱苏轼完成，苏辙也把自己所作《易解》寄来，苏轼再在此基础上，综合父子三人之学术思想，经数年之功，将《易传》写完。苏辙又将所撰《论语略解》寄来，苏轼复作《论语说》，因此《论语说》是兄弟俩学术思想的汇总融合。

《易传》《论语说》以及后来在海南儋州完成的《书传》，标志着苏轼开始跻身于宋代重要思想家之行列。他的学说自成一家，被称为“苏氏蜀学”，与王安石的“新学”，程颢、程颐的“洛学”等并立。

重回朝堂

元丰七年（1084 年）四月，苏轼又被神宗调往汝州。因两次想起用苏轼都遭到宰相王珪拖延和反对，对苏轼心心念念的神宗干脆跳过王珪，直接以“皇帝手札”任命苏轼为汝州（今河南临汝）团练副使。汝州离汴梁很近，神宗释放了一个信号，就是要重用他了。

苏轼在黄州生活得自在而又习惯了，对朝堂早已萌生倦意，但他深知神宗对自己的一片苦心，不忍负其厚意。在离开黄州之前，他告别邻里友人，作了一首《满庭芳》：

归去来兮，吾归何处。万里家在岷峨。百年强半，来日苦无多。坐见黄州再闰，儿童尽、楚语吴歌。山中友，鸡豚社酒，相劝老东坡。

云何。当此去，人生底事，来往如梭。待闲看，秋风洛水清波。好在堂前细柳，应念我、莫剪柔柯。仍传语，江南父老，时与晒渔蓑。

苏轼叹道，归去来兮，而自己的归宿又在何方？故乡已遥遥相隔万里，而自己年过半百，来日不多了。在黄州岁月蹉跎，孩子已经会说楚语，会唱吴歌。山中故友，带了猪肉鸡肉，携酒而来，依依不舍，都来劝他留下。

而自己也满怀留恋，不知道为什么要离去，人生到底为什么要如此辗转奔波？他只希望能有一年能得到闲暇，可悠闲地坐看秋风洛水荡漾着清清波澜。他请朋友别剪去堂前细柳的枝叶，因为万物有灵，他亲自种下的树应该会懂得怀念他。他也拜托江南父老，天晴时替他晾晒渔蓑，因为也许有一天，他还能一身轻松地回来。

这当然是苏轼天真的幻想了，自他离去之后，就再也没有来过这个令他眷念不已的地方了。

赴任途中，苏轼经过九江，便与好友参寥禅师以及老友刘恕的幼弟刘格一同游览庐山，只觉山谷奇秀，平生所未见，景色清幽，移步换景，根本看不过来。他本不想作诗，只专心看景，但是山中之人见到他，都欢喜地奔走相告："苏子瞻来矣！"苏轼不觉就作了一首诗："芒鞋青竹杖，自挂百钱游。可怪深山里，人人识故侯。"接着又作了两首："青山若无素，偃蹇不相亲。要识庐山面，他年是故人。""自昔怀清赏，初游杳霭间。如今不是梦，真个是庐山。"

那天，苏轼游庐山之时，得了友人陈令举所写的《庐山记》，且行且读。陈令举在文中盛赞庐山之景："庐山峰峦之奇秀，岩壑之深邃，林泉之茂美，为江南第一，白鹤观复为庐山第一。"苏轼于是便漫步至文中提到的白鹤观，彼时正是中午，松阴满地，寂静无人，只能偶尔听到棋盘落子的轻响。

苏轼感到自己仿佛走入了唐代诗人司空图的诗境之中,悠然出神，后来写道："司空表圣自论其诗，以为得味外意，如'绿树连村暗，黄花入陌稀'，此句最善。又云'棋声花院闭，幡影石坛高'。吾尝独游五老峰，入白鹤观，松阴满庭，不见一人，惟闻棋声，然后知此句之工。"

《庐山记》中又有说到李白和徐凝咏庐山之诗，苏轼觉得二者相差太远，不觉失笑。后来到了开先寺，主持见苏轼前来，赶紧向他求诗，苏轼便作了一首："帝遣银河一派垂，古来惟有谪仙辞。飞流溅沫知多少，不与徐凝洗恶诗。"其实徐凝的诗并不差，但在苏轼看来，谁的咏庐山诗也无法跟谪仙李白相提并论，何况徐凝呢?

在山中南来北往地游览了十多天，苏轼认为山中的名胜奇绝，数不胜数，其中最好的，要数漱玉亭、三峡桥，所以作了《庐山二胜》两首诗。最后，苏轼与著名高僧常总老一起游览西林寺时，随手挥洒，作了一首《题西林壁》，充满理趣，成为脍炙人口的千古名作：

横看成岭侧成峰，远近高低各不同。
不识庐山真面目，只缘身在此山中。

六月，苏迈被任命为饶州德兴的县尉，要赶去赴任。苏轼送行长子，到了江西湖口，夜游石钟山，写下著名的《石钟山记》。七月，苏轼到达江宁，专程拜访闲居江宁的王安石。

王安石退隐后，不再是朝堂上那个雷厉风行的权臣宰相，而是淡泊安然的普通老人。他此时所作诗词，皆清新俊秀、丰神远韵，如“屋绕湾溪竹绕山，溪山却在白云间”“数间茅屋闲临水，窄衫短帽垂杨里”等。他在钟山修建半山园作为隐居之所，并自号半山老人。政治纷争对他来说，已是前世烟云。山林寂静，野花遍地，芳草青青，他常独自外出漫步，悠然自得，“细数落花因坐久，缓寻芳草得归迟”。

这次，王安石听说苏轼要来，十分欣喜。他本来就不修边幅，此时也是穿着粗布衣服，骑着小毛驴到江边去迎接。苏轼也穿得颇为随便，走出船舱，向王安石作揖道：“苏轼今日敢以野服见大丞相。”王安石笑道：“礼岂为我辈设哉！”言罢，二人相视哈哈大笑。苏轼又说：“苏轼亦自知相公门下用轼不着。”二人互相搀扶着踏上钟山小径。

这一次，苏轼在王安石处住了有一个多月，他们在半山花园里赏花饮酒，携手同游。他们赋诗唱和，谈古论今。这两位文名冠世的顶尖文学家，终于相逢一笑泯恩仇，共同度过了一段短暂而美好的时光。

分手之际，王安石对苏轼发出了盛情邀请，不如就在自己的半山园附近建几间草房，搬过来住。苏轼愉快地答应了，并且真的考虑买地事宜，与王安石为邻：“骑驴渺渺入荒陂，想见先生未病时。劝我试求三亩宅，从公已觉十年迟。”这个时候，已经辗转多个地方当官、有了基层工作经验的苏轼，已经完全理解了王安石变法的苦心，因此感叹，早在十年前就应该追随他的。

苏轼走后，王安石还时常问起旁人有关苏轼的消息，问他近日可有新作。王安石感叹：“不知道还要过几百年，才有苏轼这种人物出现。”

元祐元年（1086年）五月二十一日，王安石病逝，时年六十六岁。彼时，他为之倾注一生心血的新法几乎被全部废除。司马光闻讯十分悲痛，他虽然与王安石是政敌，但也是至交挚友，对其人品一向尊重，担心会有小人诋毁他，“反复之徒必诋毁百端”，因此主张“尚宜优加厚礼”。哲宗因此追赠王安石太傅称号。

苏轼负责起草了这则诰命，并给予王安石极高评价：“名高一时，学贯千载。智足以达其道，辩足以行其言。瑰玮之文，足以藻饰万物；卓绝之行，足以风动四方。用能于期岁之间，靡然变天下之俗。”

由于长途跋涉，旅途劳顿，元丰七年（1084年）七月二十八日，苏轼与朝云所生的第四子苏遁不幸夭折。汝州路途遥远，且路费已尽，再加上丧子之痛，苏轼便上疏朝廷，请求暂时不去汝州，先到常州居住。神宗批准了他的要求，诏令苏轼以检校尚水部员外郎、团练副使，不得签署公文，常州居住。

苏轼松了一口气，他以为自己终于可以免于颠沛流离之苦，余生能安定下来了，于是作诗悠然道：“十年归梦寄西风，此去真为田舍翁。”这个时候，他常常出游，与朋友们往来，感觉到久违的放松与快乐，十分惬意地作了一首《溪阴堂》：

白水满时双鹭下，绿槐高处一蝉吟。
酒醒门外三竿日，卧看溪南十亩阴。

苏轼的好友佛印禅师，此时是润州（今江苏镇江）金山寺住持，苏轼每次路过镇江都要去金山寺拜访他。佛印的俗姓为林，法名了元，幼时有神童之称，长而精通五经，也是个满腹经纶的才子。苏轼经常跟佛印坐而论道，乐而忘忧。佛印也是个诙谐幽默之人，两个人经常相互开玩笑，捉弄彼此。民间流传很多关于他们的故事。

这天，苏轼去拜访佛印，事先写信给他说："不必出山来接了。"但佛印实在抑制不住心中的喜悦之情，还是早早出门迎接了。两人进入禅房，佛印却忽然跟苏轼说起禅语来："此中无有座。"苏轼说："暂借和尚四大，用作禅床给我坐上一坐。"佛印笑道："山僧有一语，若能道得来，便请上座；若道不出来，所系玉带，愿留以镇山门。"苏轼欣然答应。佛印随口说道："山僧四大本无，五蕴非有，请问居士今天向什么处坐呀？"苏轼良久不能言。佛印见状，忙呼侍者说："将此玉带永镇山门。"苏轼只得解下玉带相赠。佛印亦以云山衲衣相赠。苏轼啼笑皆非地接过，并写下《以玉带施元长老元以衲裙相报次韵》诗三首以记之。

佛印知道苏轼爱吃肉，因此每次苏轼来访，佛印总是会烧上一碗香气扑鼻的猪肉。不想有一天，烧好的猪肉竟怎么都找不到了，不知道被庙里哪个馋嘴和尚偷去吃了，苏轼知道后哈哈大笑，作了一首《戏答佛印》：

远公沽酒饮陶潜，佛印烧猪待子瞻。
采得百花成蜜后，不知辛苦为谁甜。

苏轼既然选择了常州作为自己的终老之地，也就准备买房了。之前，他已经委托范镇把自家京师里的房子售出，得钱八百缗，拿出其中六百缗在宜兴买了块田。他还想买块地，用来种植柑橘，待到果园飘香时，可以在园中漫步："吾性好种植，能手自接果木，尤好栽橘。阳羡在洞庭上，柑橘栽至易得。当买一小园，种柑橘三百本。"

朋友和弟子听说后，纷纷为苏轼物色房子，其中邵民瞻找的宅第最合他心意。当时常州房价可不便宜，之前买地已经花了不少钱，为了买下心仪的房子，苏轼倾其所有，花了五百缗钱高高兴兴地买下这座府邸，准备过段时间就搬进去。这天晚上，他和邵民瞻在溪边散步时，忽然听到有位老妇人在伤心哭泣。苏轼上前询问，才知道老妇人的儿子将祖传的老宅卖了抵债，而苏轼正是买主。

苏轼吃了一惊，见老妇人泪流满面，连忙安慰她，说房子还在。说着就拿出房契烧了，把房子还给了老妇人。后来，苏轼也没有去找她的儿子退钱。而这时他已经囊中空空，买不起房子了。

但是，命运实在是不可捉摸的。忙着买房买田的苏轼并未想到，他的愿望又一次落空了。元丰八年（1085 年）四月，宋神宗驾崩，十岁的宋哲宗赵煦即位，由太皇太后高氏主持朝政。司马光就被重新起用为门下侍郎。高太后怕司马光接到任命后延迟赴任或者拒而不受，特地派了武装兵士将他从家中请出，一路"护送"到宫中。

司马光自从反对王安石变法后，退居洛阳，不谈政事，埋头治学，专心编撰《资治通鉴》十五年。此时六十七岁的司马光重返朝堂后，马上向太皇太后进言，把因反对新法而被贬的范纯仁、李常、苏轼、苏辙等人召回朝中任职。于是，主张变法的新党被打压，反对变法的旧党纷纷被重新起用。

苏轼因此又被起用，先是在元丰八年五月被任命为登州知州，四个月后，他又以礼部郎中被召还朝。京城的老房子已经卖掉了，一家人只得住在百家巷里。除了乌台诗案被抓回来坐了几个月牢之外，苏轼已经十五年没有回到京城了。王闰之与朝云也终于可以跟着苏轼在京城安定下来，过上比较安稳和舒坦的日子。这时苏迈在江西任职，十六岁的苏迨和十四岁的苏过陪在他身边。

因司马光的强烈推荐与有意提携，苏轼在朝半月，便任起居舍人，从六品官。三个月后，升中书舍人，参与朝廷各部官员的挑选与任用，官居四品。不久又升翰林学士知制诰，官居三品。在宋代没有一品的官员，而翰林学士知制诰仅次于二品的宰相，可以说苏轼几乎位极人臣。这个职位都是由名气最高的学者担任，往往是担任宰相前的最后一步。

1086 年，朝廷改年号为“元祐”，希望再现仁宗的“嘉祐之治”。同年苏辙也被召回京。元祐二年（1087 年）八月，苏轼又兼任了经筵侍读，也就是担任小皇帝的老师，成为所有读书人梦想中的“帝王之师”，荣耀至极。同年，苏轼被任命为知贡举，即科举考官，声望也到达了巅峰。

苏轼依然保持着良好的作息。他每天在黎明就起床，梳头发一百次，穿上官靴官衣，再躺下小睡，自觉小睡之美，无物可比。等到要出门上朝时，他已穿戴整齐，神采奕奕、从容不迫地骑上马向东华门出发。每隔一天，他都要去宫里值班一次，草拟圣旨。要发布的诏令都是高太后口述，他再用典雅庄严之文拟就，第二天再进行颁布。在位期间，苏轼拟了八百道左右的圣旨，无不简洁明确，引经据典，铿锵工巧。他写作速度向来很快，各种典故信手拈来，从不临时翻书。

在苏轼担任考官时，他需要和其他考官们一起入闱几十天，即封闭式阅卷。其他人白天都在忙着阅卷，苏轼却在各屋转悠，轻松地开着玩笑。到了晚上，苏轼则开始奋笔疾书地阅卷和评等级，堪称神速，效率极高。

让苏轼最为高兴的，是终于得以见到京城一群久未谋面的好朋友。当时被贬谪的朋友们现在都已回朝任官，还有朋友和弟子特意赶到京城来看他，比如陈季常、黄庭坚。他写了不少词以记之。

这段时间苏轼写的最有名的词，莫过于赠王巩及其侍妾柔奴的《定风波》。当时因为“乌台诗案”，王巩被贬至岭南宾州，两次遭遇丧子之痛，自己也差点病死。苏轼深感愧疚，认为王巩的痛苦都是拜自己所赐，不敢给他写信，结果王巩到宾州后还主动给苏轼写了信，对牵连之事并不挂怀。两人的友情因此患难更加深厚，联系一直不断。

苏轼称王巩为“老弟”，经常在信中跟他吐槽各种不如意事，末了不忘加上一句：“这些话可别跟别人说。”苏轼也很关心王巩身体，经常传授他各种养生之法以对付岭南瘴气，比如每天饮一点酒，调节饮食，可以让胃气壮健。王巩后来也说，平生交游，十年升沉，只有与苏轼的友情是历久弥新的。

元丰六年（1083 年），王巩奉旨北归。元丰八年（1085 年），苏轼到了京城后，马上就去探望王巩。一见面，苏轼便吓了一跳。原以为在岭南偏僻之地，王巩应该被风霜摧残得满面沧桑了，结果王巩面目如玉，容光焕发，性情也更为豁达，并无萎靡憔悴之态。苏轼疑惑不已，入座后就此询问。王巩微微一笑，叫出柔奴为苏轼献上歌舞。

原来，当时王巩贬谪的诏令下来，王府的歌伎侍女纷纷散去，唯有侍妾柔奴留了下来，陪他去了岭南共患难。回来之后，王巩待她越发亲厚，有如夫妻。苏轼见柔奴容颜姣好，风姿更胜当年，再听柔奴轻启皓齿，歌声曼妙，仿佛风起雪飞，只觉满心清凉，不禁听得如痴如醉。一曲歌毕，苏轼不禁问起岭南种种情况，说："岭南的风土不是很好吧？"没想到柔奴也是微微一笑，笑容中仿佛沁着淡淡梅香："还好。心安的地方，就是吾乡。"

柔奴的坚韧、恬淡、坦然深深感染到了苏轼，他难以想象，这样柔弱的一个女子，是怎样度过那样艰难的岁月的，而她如今却举重若轻，并不以为意，轻轻一语，就将旧日磨难化为尘埃。苏轼当即写下《定风波·南海归赠王定国侍人寓娘》：

常羡人间琢玉郎。天应乞与点酥娘。尽道清歌传皓齿。风起。雪飞炎海变清凉。

万里归来颜愈少。微笑。笑时犹带岭梅香。试问岭南应不好。却道。此心安处是吾乡。

苏轼在文坛已经是首屈一指的存在，又爱交朋友，几乎所有人都对他崇拜不已，即使是他的政敌再嫉妒他，也不得不承认他的文才已经独步天下，"文章学问，中外折服"。而他在政坛已经身居高位，这更加引起了全民追捧。

当时有个读书人叫章元弼，对苏轼诗文十分痴迷，不管是行，走，坐，卧，都必定要手握一本苏轼文集，甚至结婚当晚也在读，而不理他端庄美丽的新婚妻子陈氏。后来陈氏忍无可忍，要他在苏轼诗文和自己之间做个选择，章元弼选择了苏轼诗文，因此忍痛和妻子分开了。

章元弼还经常跟朋友夸耀说，自己是因为废寝忘食读苏轼的《眉山集》而离婚的，以自己是苏轼的粉丝为荣。

苏轼平日里喜欢戴一种高筒短檐的便帽，不想竟引发了当时的时尚潮流，人人争相效仿，不少人都戴上了这种帽子，称“子瞻帽”，好像戴上这种帽子便可沾染上苏轼的才气。当时还有人写对联讽刺：“伏其几而袭其裳，岂为孔子；学其书而戴其帽，未是苏公。”

这事还被改编成杂剧，搬上了舞台。有一天，苏轼等人陪同小皇帝哲宗去醴泉看戏。几个书生打扮的艺人在舞台上吹牛，都说自己文章盖世。这时，有一位头上戴着“子瞻帽”的艺人出场，大言不惭地说他的文章才是首屈一指，别人都比不上。其他人见他如此自信，大惑不解，艺人指着自己头上说：“你们难道没有看见我头上戴着‘子瞻帽’吗？”哲宗听了，哈哈大笑，还回头看了下苏轼。

不过，以苏轼当时极高的声望，依然有人拒绝与他为友，让他啼笑皆非地碰了钉子。此人就是著名词人晏几道，前宰相晏殊的小儿子。

晏殊十四岁以神童身份中进士，后来平步青云，当了太平宰相，当时的名臣几乎都是他的门生，欧阳修也是他的弟子，富弼还是他的女婿。不过，晏几道虽然继承了父亲的才华，与父亲合称“大小晏”，却没有父亲的政治智慧与处世能力，只当过地方小官，更不用提仕途。晏殊死后，晏家家道中落，晏几道又不善理财，还被献上《流民图》的好友郑侠牵连入狱，出来之后一贫如洗。但当时他的《小山集》已经令他驰名词坛。

苏轼早已听说晏几道的文名，又读过他的《小山集》，对他很有好感，有心想要结交他。当时黄庭坚和晏几道是好友，两人经常一起喝酒。于是苏轼就想托弟子来介绍自己认识晏几道，满心以为又可以认识一个好友。晏几道却道："如今朝里半数都是我家世交，我都没有时间和他们来往。"毫不客气地拒绝了苏轼，给碰了一个大钉子。

苏轼对此事只是一笑而过。他年轻时也是骄傲之人，不想晏几道比他年轻时更为骄傲。虽然才比他小两岁，但仍旧是少年心性。

苏轼此次回京，还是认识了不少新朋友，比如当时享有盛名的大画家李公麟。李公麟的弟弟李公权娶了王安石的侄女，因此他跟王安石是亲戚，还给王安石画过像，见过画的人无不惊叹，只觉淋漓生气扑面而来，仿佛王安石就在眼前。李公麟给苏轼也画了一张像，形神兼备。苏轼自己也颇为满意，黄庭坚认为很像他老师醉后的意态："庐州李伯时近作子瞻按藤杖，坐盘石，极似其醉时意态。此纸妙天下，可乞伯时作一子瞻像，吾辈会聚时，开置席上，如见其人，亦一佳事。"

元祐元年（1086 年），苏轼与苏辙、李公麟、黄庭坚、米芾等十六位书画家、文学家，在已经回京的驸马王诜家中的西园进行雅集，众人或写诗作画，或观书拨阮，或打坐问禅，极具文人风雅。李公麟应王诜要求，画成《西园雅集》图一幅。米芾为此图作记云："水石潺湲，风竹相吞，炉烟方袅，草木自馨。人间清旷之乐，不过如此。嗟呼！汹涌于名利之域而不知退者，岂易得此哉？"

在此次雅集中，苏轼和李公麟合作完成了一幅《憩寂图》，苏轼画山石，李公麟画苍松以及松下僧人。画完后，苏辙给《憩寂图》题了一首诗，苏轼则次韵又题了一首，将李公麟比作他最欣赏的画家王维：

东坡虽是湖州派，竹石风流各一时。
前世画师今姓李，不妨还作辋川诗。

李公麟也曾作过类似于王维《辋川图》的《山居图》，苏轼对这幅画很欣赏，认为只有精神独与天地来往，领会神韵，此外还要具备高超画技，即“有道有艺”，才能作出这样的画。于是苏轼写下《书李伯时〈山庄图〉后》：

或曰：“龙眠居士作《山庄图》，使后来入山者信足而行，自得道路，如见所梦，如悟前世。见山中泉石草木，不问而知其名；遇山中渔樵隐逸，不名而识其人。此岂强记不忘者乎？”

曰：“非也。画日者常疑饼，非忘日也。醉中不以鼻饮，梦中不以趾捉，天机之所合，不强而自记也。居士之在山也，不留于一物，故其神与万物交，其智与百工通。虽然，有道有艺。有道而不艺，则物虽形于心，不形于手。吾尝见居士作华严相，皆以意造而与佛合。佛菩萨言之，居士画之，若出一人，况自画其所见者乎！”

苏轼生性诙谐，最爱开玩笑，此时回了京城，心情很好，正好跟朋友们多开玩笑。有一次，苏轼因急事登门去相国府拜访宰相吕大防，吕大防正在睡午觉，门官让苏轼在客堂里等候。苏轼在客堂里等了很久，才看到吕大防挺着个大肚子慢悠悠地出来。

苏轼心里有气，决定捉弄一下吕大防。他饶有兴趣地观看吕大防客堂里的绿毛龟。吕大防以为苏轼没有见过这种龟，很是得意。苏轼却说：“这不算什么，我还见过六眼龟呢！”吕大防半信半疑地说：“世上真有六眼龟吗？”

苏轼一本正经地说：“唐庄宗时，敬新磨献给庄宗一只六眼龟，庄宗问此龟有何特异处，敬新磨说，这龟儿有个歌诀：‘不要闹，不要闹，听取龟儿口号。六只眼睛睡一觉，抵别人三觉。’”

吕大防生性淳朴，平日里沉默寡言，再加上身居高位，也无人敢和他开玩笑。他素知苏轼见多识广、学识渊博，以为真有此事，认认真真地听着。他听到最后，愣了一下，才恍然大悟，原来，苏轼在绕着弯子骂他。吕大防素来端凝稳重、君子气派，这时也忍不住哈哈大笑，根本停不下来。

但苏轼也有跟朋友开玩笑过了头而闯祸的时候。如时任给事中的顾临，字子敦，和苏轼是同年进士，和他交好三十年。顾临长得胖，朋友们常取笑他是“顾屠”。这次朝廷派他去做河北都转运使。苏轼于是作《送顾子敦奉使河朔》，跟他开玩笑：“我友顾子敦，躯胆两俊伟。便便十围腹，不但贮书史。容君数百人，一笑万事已。十年卧江海，了不见愠喜。磨刀向猪羊，酾酒会邻里。归来如一梦，丰颊愈茂美……”顾临见此嘲笑之语，非常生气。

到了朋友们送别顾临那天，苏轼知道顾临生气，只好称病不敢参加，并次前韵作诗给他道歉：“善保千金躯，前言戏之耳。”顾临见苏轼态度诚恳，也就消了气，去河北上任了。

苏轼虽然身居高位，但生活简朴。当时汴梁的官员们奢侈成风。蒲宗孟曾给苏轼写信，说自己光洗浴就有“六洗”，先小洗面、大洗面，再小洗脚、大洗脚，最后小沐浴、大沐浴。苏轼对此不以为然，并劝他要懂得节约与仁慈。苏轼因此跟好友刘攽说，生活并不需要追求奢华，即使过得简朴，但只要充实便可以快乐。苏轼还顺便感怀了一下往事，说当年他和弟弟苏辙备考期间，每天只吃三白饭，却觉得胜过世间的山珍海味。刘攽也是个诙谐之人，默默听着，心里却盘算要捉弄苏轼一下。

过了一段时间，刘攽就邀请苏轼去吃“皛饭”，苏轼此时早已忘了当初的闲谈，欣然前往。结果到了一看，桌上只有盐、萝卜和白米饭，于是恍然大悟，知道自己“上当”了，但还是浑若无事地把皛饭吃了个干干净净。

第二天，苏轼赶紧给刘攽送来请柬，请他吃“毳饭”。刘攽好奇心一起，虽然明知苏轼要报“一箭之仇”，仍欣然赴约。结果到了，发现餐桌空空如也，便问苏轼。苏轼笑道：“盐也毛（没有），菜也毛，饭也毛。”此即三毛饭。刘攽一愣，随即捧腹大笑。苏轼捉弄够了老友，就把饭菜端了上来，两人再一起愉快地进餐。

苏轼的众多粉丝中有一个殿将姚麟，特别喜欢苏轼的字画，凡是苏轼所作，他都不惜代价买下收藏。苏轼有个叫作韩宗儒的朋友，经常和苏轼有书信往来，知道了这个消息，就拿着苏轼的书信去姚麟那里，结果一封书信竟换取了十斤羊肉。

韩宗儒喜之不尽。每次想吃羊肉了，就拿着书信去姚麟那里换。这件事后来传开了。有一天黄庭坚便拿此事调侃苏轼：“从前晋朝时王羲之手书《黄庭经》和道士换鹅，人称‘换鹅字’，现在韩宗儒把您写给他的回信，到姚麟那里换羊肉，看来也可以称为‘换羊书’了。”

苏轼才知道有这么一回事，也是哈哈大笑。这天，韩宗儒又想吃羊肉了，但手上已经没有苏轼书信。于是他就一天写了两封信给苏轼，等待回信。正好苏轼这天忙得不可开交，看到这两封信，知道他等不及了，有些哭笑不得，于是回了六个字：“今日寒食，断屠。”意思是今天是寒食节，就不杀羊了，你没肉吃了。

与朋友相处当然是轻松的，让苏轼头痛的是朝堂政治。苏轼襟怀浩荡，坦诚直率，在政坛上始终学不会虚与委蛇，他依然毫不忌讳地谈论自己的政见，在诗词中表达自己的不满，“如蝇在食，吐之为快”。正是这种性格屡屡为他惹祸招灾，总是得罪当朝权贵，包括昔日的老师司马光。

司马光埋头治学多年，已许久不接触朝政，此时的执政思想主要是简单的“废新法”，认为新法如同毒药，并将青苗法、免役法、将官法与西夏边衅并称“四患”。而苏轼辗转多地当过知州，阅历极其丰富，见识亦有过人之处，他看到了新法的弊端，也看到了新法的好处，理解了王安石变法的深意，认为变法中的有益部分应该保留，因此不同意司马光“专欲变熙宁之法，不复校量利害，参用所长”。在废除免役法的问题上，二人的冲突尤为激烈。苏轼上疏皇帝，认为免役法有五利，而司马光坚定地要废新法，跟着上疏，言免役法有五害，要求改免役法为差役法。

司马光和王安石虽然是政敌，但颇有相似之处，司马光是一位德高望重的君子，但也是非常固执且强势的权臣，为人太过一板一眼。

司马光和王安石一样，一辈子只娶了一个夫人，没有纳妾。在他二十岁那年，尚书张存主动将女儿许配给他，从此他一心一意地对待张夫人。夫人不能生子，司马光便请求哥哥过继了自己的儿子，作为他的养子。夫人自觉对不起司马光，悄悄安排了一个妙龄少女在卧室，想给他纳妾，司马光装作不知，转身去了书房就没出来。

但他对夫人也很是古板，毫无情趣可言。某一年的元宵节，夫人想要与他一起出去看灯，司马光却说：“家里有灯，何必出去看呢？”夫人又说：“也不只是看灯，还能看看人。”司马光不解其意，笑道：“难道为夫是鬼吗？”夫人只好笑笑作罢。

司马光清贫固守，在京师家中只有一间堂屋，在洛阳时修了个小小的园林，取名独乐园，但此园也“卑小，不可与它园班”。而同朝宰相王拱辰的居室则分外豪华，仅中堂就有三层，顶上一层名“朝天阁”，时人戏称“王家钻天，司马入地”。夫人死后，司马光把家里仅有的三亩良田卖了，拿钱厚葬妻子，也没有续娶。

这样一个正直又古板的前辈，其他人也不敢跟他多争论，只有苏轼与他争论不休。有一次，苏轼在与司马光争论得十分激烈，气极反笑，说：“相公如此说法，简直就是王八乱蹬（鳖厮踢）！”

司马光生平不苟言笑，最喜埋头治学，众人见他都是规规矩矩的，虽然与政敌王安石有争斗，但王安石也是个循规蹈矩的“拗相公”，因此司马光听到苏轼这话莫名其妙，问道：“王八如何乱蹬？”以他学者的严谨眼光看来，王八的腿那么短，如何蹬得起来？

苏轼又好气又好笑，当即答道：“像您现在这样，就是王八乱蹬！”

苏轼开玩笑损了老师，学究老师却摸不着头脑。苏轼回到家里，还越想越气，最后索性放声大喊：“司马牛！司马牛！”

司马光自然不会和苏轼计较。他和欧阳修一样，深知苏轼脾性，对他甚至有点偏爱。当年为了让苏轼得到重用，司马光还曾给神宗上疏，承认自己“敢言不如苏轼”。后来王安石变法，司马光为了图个清静，退出朝堂埋头写书，苏轼写了一首《司马君实独乐园》调侃他，说先生受天下百姓拥戴，却装聋作哑躲进小楼不问世事：“先生独何事，四海望陶冶。儿童诵君实，走卒知司马。”因为这首诗，司马光在“乌台诗案”中受到牵连，还被罚款，但司马光也没有怪苏轼。他重返朝堂之后的第一件事，也是把苏轼召回，并助他快速升迁，给他高官厚禄。在他忤逆自己时，司马光尽管生气，但也没有刻意打压他。

但好友章惇就不一样了。在苏轼刚返回京师时，作为新党重臣的章惇与司马光曾在朝堂之上展开激烈交锋。章惇学识渊博，甚有辩才，且年轻敏捷，出语犀利，司马光经常说不过他，下不了台。于是司马光请苏轼传话给章惇，劝其勿当众羞辱他。苏轼自然站在司马光这边。章惇是变法革新的坚定人物，王安石很器重他，曾道：“章子厚才极高。”章惇对新法的支持，不完全因为追随王安石，还因为他认为新法的确利国利民，能实现他的政治理想。因此，他与主张废新法的司马光之政治矛盾不可调解。

后来，因为高太后对司马光的充分信任与全力支持，新党如蔡确、曾布等人纷纷被贬黜出京。章惇被列为“三奸”和“四凶”之一，是旧党攻击的主要目标。时任右司谏的苏辙上《乞罢章惇知枢密院状》猛烈弹劾章惇，五天后章惇被贬知汝州，随后又改提举杭州洞霄宫。苏轼对此保持沉默，等同于认可了弟弟对章惇的弹劾。后来苏轼又上《缴进沈起词头状》继续弹劾王安石与章惇。章惇为此怒不可遏，也为后来他对苏轼毫不手软的报复埋下了伏笔。

苏轼同时也给章惇写信，提及昔日的田园之约。这便是著名的《归安丘园》：

前日少致区区，重烦诲答，且审台候康胜，感慰兼极。归安丘园，早岁共有此意，公独先获其渐，岂胜企羡。但恐世缘已深，未知果脱否耳？无缘一见，少道宿昔为恨。人还，布谢不宣。轼顿首再拜，子厚官使正议兄执事。十二月廿七日。

苏轼希望把朋友之谊与政坛冲突分开相论，但章惇始终不能忘怀苏氏兄弟在政治上对他曾经的伤害，从此之后，二人再也没有了书信联系和诗词唱和。待到再见时，章惇对苏轼兄弟已是刀光剑影，势必拼个你死我活。

司马光年事已高，已到油尽灯枯之时。元祐元年（1086 年）九月初一，司马光病逝，享年六十八岁。苏轼悲痛之中为司马光撰写墓志铭，是为《司马温公行状》，称司马光为“百世一人，千载一时”。他向来喜写潇洒不羁的行书，但这两千多字的铭文，他是用端端正正的小楷写就，一笔不苟，被誉为“苏楷第一”。

司马光死后，程颐受命主理司马光的丧礼。丧礼那天，恰巧哲宗要跟太皇太后以及文武百官去进行祭天大典，这在当时是一件大喜事。官员们在参加完祭天大典之后便准备换衣服，接着去参加司马光的葬礼。

主持葬礼的程颐反对官员们参加完喜事之后又参加丧事，说《论语》里说过“子于是日哭，则不歌”，早上刚在太庙唱过歌，听过奏乐，怎么能同一天再去吊丧呢？有人反驳道，《论语》里也没说“子于是日歌，则不哭”。于是苏轼带着众人一起去司马光家吊祭，却不见司马光儿子出来。一问才知道又是程颐禁止。

面对程颐的迂腐，苏轼没能忍得住讥讽之语："此乃鏖糟陂里叔孙通所制礼也。"叔孙通曾经帮助汉高祖刘邦制定礼仪制度，而鏖糟陂是当时京师外一处地名，向来以脏乱差闻名。苏轼这句话就是在讥讽程颐死守规矩，是垃圾堆里的古法。众人哄堂大笑，程颐满面通红。奉程颐为圣人的程颐门人勃然大怒。

程颐为人拘谨，是个一板一眼的老夫子，苏轼则无所顾忌，喜欢开玩笑。苏轼并未存心树敌，但就此与程颐门人结仇。于是，苏轼、苏辙及其学生与程颐、程颢及其学生逐渐形成了两大党派，斗争愈演愈烈。因苏轼来自蜀地，二程来自洛阳，史称"洛蜀党争"。除了洛蜀两党外，旧党还分裂出来自河北的朔党，一时斗得不可开交，苏轼十分头痛。

从元祐元年（1086 年）九月司马光逝世开始，朝中谏官对苏轼的攻击越来越猛烈，甚至又抓住他的诗句不放，认为他在神宗逝世后不久所写的"山寺归来闻好语，野花啼鸟亦欣然"是对神宗不敬。苏辙为兄长辩护，说他写这句诗是因为听到英明的幼主哲宗登基。弹劾苏轼的奏折如雪片般飞来，高太后深知他为人，都置之不理。苏轼却感觉极其疲倦了，不得不自请外放，又一次远离了朝廷。

苏轼用他的天真与真情去对待尔虞我诈、钩心斗角的官场，自然受到众多打击，因为他"不合时宜"。他自己也明白这一点，在《与杨元素书》中曾说："昔之君子，惟荆（王安石）是师。今之君子，惟温（司马光）是随。……老弟（自称）与温相知至深，始终无间，然多不随耳。"昔日王安石炙手可热时，他因新法的弊端而反对实施新法，而后来司马光当权，他又因新法的好处反对全废新法，哪怕他跟司马光交情极深。因此，一心为国、坚持自我、从不随波逐流的苏轼在朝堂之上总是会受到攻击。但这种“真”的性格，用在文学创作之上，却是十分可贵的，因为文学的灵魂，就在于一个“真”字。就是这样真性情的苏轼，挥洒了诸多真性情的文字，如今仍在文学史上熠熠生辉。

平生功业

元祐四年（1089 年），高太后以龙图阁大学士的职位让苏轼出任浙西路兵马钤辖兼杭州太守，这时他五十四岁。八十三岁的老臣文彦博为苏轼送行，劝他不要再写诗，担心他再惹祸上身。苏轼知道这是前辈的关心，笑道："我如果写诗，会有很多人想做注疏呢。"言下之意是决不放弃写诗了。

回到自己的灵魂故乡杭州，苏轼感到身心得以全面放松。元祐五年（1090 年）春夏，朋友袁毂来杭，苏轼带着他以及刘景文在杭州庾公楼观景。已经是夜晚时分了，月色溶溶，可掬可捧。苏轼往窗外望去，诸峰如千树花开。此刻只有清风明月满怀，只有好友相伴酬唱，惬意又自在。苏轼乘醉写下了一首《点绛唇》：

闲倚胡床，庾公楼外峰千朵。与谁同坐。明月清风我。
别乘一来，有唱应须和。还知么。自从添个。风月平分破。

苏轼幽默地对朋友说："你知道吗？自从你的到来，那江上清风、山间明月的享受，自然是你我各一半了。""与谁同坐。明月清风我"也成了苏轼脍炙人口的名句。

刘景文这时已五十八岁，苏轼称他为"慷慨奇士""无双国士"，曾上表推荐他，并作一首《赠刘景文》以示勉励：

荷尽已无擎雨盖，菊残犹有傲霜枝。
一年好景君须记，正是橙黄橘绿时。

正是秋末冬初，荷花已谢，昔日亭亭如盖的荷叶早已不见，菊枝也只剩下残花，只有那枝干还傲立于风霜。一年中最美好的季节，不是春天，而是这橙子欲黄、橘子尚绿的季节。苏轼对刘景文说，虽然已经到了人生晚景，但也还可以有一番作为。诗中满是明朗昂扬。

元祐六年（1091 年）春，苏轼在杭州任期满。这时朋友钱勰途经杭州去瀛洲（今河北河间）当知州。和好友一别三年，相逢之时颇感温暖。苏轼知道钱勰和自己一样性格耿直，固守自己的原则，所以才这么颠沛流离。他在一个云色微茫、月光清淡的夜晚送别钱勰，并作《临江仙·送钱穆父》：

一别都门三改火，天涯踏尽红尘。依然一笑作春温。无波真古井，有节是秋筠。

惆怅孤帆连夜发，送行淡月微云。樽前不用翠眉颦。人生如逆旅，我亦是行人。

人生是一场旅途，每个人都是时光中的一个匆匆行人而已。李白《春夜宴从弟桃花园序》云：“夫天地者，万物之逆旅也，光阴者，百代之过客也。”苏轼素来仰慕李白，于是化用他的诗句劝慰友人，不用为离别而伤感，既然人人都是天地间的过客，又何必计较眼前聚散和江南江北呢？

苏轼被召回京城，任翰林侍读学士、礼部尚书，这是他所任最高职务。高太后自觉时日无多，急切地想将苏轼扶上宰相之位。当时坐在相位上的是吕大防和刘挚。吕大防为人正直，但性格温暾；刘挚则是朔党之首，心狠手辣。此时程颐已去世，程颐门人皆依附刘挚，对苏轼发起猛烈攻击，不停地以各种理由弹劾他，连带也弹劾苏辙。

苏轼不愿再卷入党争，一直在上表请辞，但高太后均是沉默以对。于是，苏轼只能再次请求外任。终于元祐六年（1091 年），苏轼被转任为颍州太守。

在此时的苏轼看来，名利对他来说都是过眼烟云，人生如白驹过隙，电光石火，宛若大梦一场。他希望能早日逃离政治纷争，回归田园，终日对着琴酒溪云，获得心灵的自由：

清夜无尘，月色如银。酒斟时、须满十分。浮名浮利，虚苦劳神。叹隙中驹，石中火，梦中身。

虽抱文章，开口谁亲。且陶陶、乐尽天真。几时归去，作个闲人。对一张琴，一壶酒，一溪云。

颍州，曾是苏轼的恩师欧阳修任知州并且隐居，直至逝世的地方。欧阳修曾作十首《采桑子》，赞美颍州西湖风景。颍州风物之美，令苏轼瞬间也大为倾心。而且颍州政事也颇为清闲，正好可以让疲累的苏轼安抚一下灵魂。

苏轼的确在颍州度过了一段惬意时光。欧阳修的两个儿子都在颍州，跟苏轼不仅是好友，还是儿女亲家。他的副手、颍州通判赵德麟也是一位颇有才学的词人，且精明强干，和他在工作上也配合默契。另外，苏门弟子陈师道也在颍州任州学教授。在朝堂之中被政治斗争压得喘不过气来的苏轼，终于在颍州这里又得以放松，诗酒相伴，琴歌相随。

苏轼对颍州西湖也十分喜爱，曾作“我性喜临水，得颍意甚奇”。他在西湖游览之时，听到歌女还在唱着欧阳修往日所作之词《木兰花令》，一时感怀不已，作了《木兰花令·次欧公西湖韵》怀念欧阳修：

霜余已失长淮阔。空听潺潺清颍咽。佳人犹唱醉翁词，四十三年如电抹。

草头秋露流珠滑。三五盈盈还二八。与余同是识翁人，惟有西湖波底月。

这一年，苏轼还作下《颍州祭欧阳文忠公》一文，苏轼在祭文中深谢欧阳修对他的奖掖与关照，苏轼说自己“七八岁时，始知读书，闻有欧阳公者”，“其后益壮，始能读其文词，想见其为人”，待到赴京赶考，得欧阳修赏识，“一朝为知己”，而他也确实如自己所说，终身追慕欧阳修，以欧阳修为知己。

虽然欧阳修在世时，苏轼总是不留情面地指出他的不当之处，是秉承了他一贯的“吾爱吾师，但吾更爱真理”的态度。但真的有人将他的文学地位置于欧阳修之上时，他断然拒绝。在他心里，他的恩师简直是一位“天人”，千百年之后，也未必会有像欧阳修这样的人出现，自己怎么能跟恩师相比呢？在《答舒尧夫》中，苏轼说：“欧阳公，天人也，恐未易过，非独不肖所不敢当也。天之生斯人，意其甚难，非且使之休息千百年，恐未能复生斯人也。世人或自以为似之，或至以为过之，非狂则愚而已。”

在颍州，他奏请开挖颍州沟渠，疏浚治理西湖，并对其进行了全面浚理，造了三座水闸，沟通航道，保障两岸农田的用水。苏轼还在西湖堤上栽上花树，西湖里种上菱荷，并建造亭台楼阁，使颍州西湖焕然一新，竟似不在杭州西湖之下。苏轼更作诗云：“大千起灭一尘里，未觉杭颍谁雌雄。”

苏轼曾和朋友们泛舟颍州西湖之上，见湖边芳菲夹道，林苑烂漫，湖中更是一一风荷举，风景旖旎，心中喜悦无限，作下一首清丽可喜的《浣溪沙·荷花》：

四面垂杨十里荷，问云何处最花多。画楼南畔夕阳和。

天气乍凉人寂寞，光阴须得酒消磨。且来花里听笙歌。

元祐七年（1092年）二月，仅仅在颍州待了八个月，苏轼又得启程了，这次他要去任扬州知州。他忍不住在诗里吐槽："二年阅三州，我老不自惜。团团如磨牛，步步踏陈迹。"

去扬州之前，他收到了苏辙的信，苏辙此番又升官了，请兄长回京述职，并告诉他刘挚已经离京。但苏轼对那个尔虞我诈的朝堂已经深感厌倦，他回信告诉苏辙，他会直接去扬州。

在去扬州的途中，苏轼遇上了来迎接自己的晁补之，原来他这时担任扬州通判，做苏轼的副手。见到学生，苏轼马上高兴起来，写了一首《次韵和晁无咎学士相迎》："每到平山忆醉翁，悬知他日君思我。路傍小儿笑相逢，齐歌万事转头空。赖有风流贤别驾，犹堪十里卷春风。"

苏轼之前就多次经过扬州，此次终于和扬州亲密接触，他恍惚间认为自己又成了扬州人，对扬州也怀了一份亲切的情感。他所作的与扬州相关的诗文有百篇之多。他曾作《江城子》：

墨云拖雨过西楼。水东流。晚烟收。柳外残阳，回照动帘钩。今夜巫山真个好，花未落，酒新篘。

美人微笑转星眸。月花羞。捧金瓯。歌扇萦风，吹散一春愁。试问江南诸伴侣，谁似我，醉扬州。

苏轼是个干实事的人，虽然喜爱风雅，却从不让风雅之事影响民生。他刚到扬州，官员向他汇报一年一度的芍药花会之事。扬州芍药花会是效仿洛阳牡丹花会，在城市名胜各处插满各色芍药，一次要用去十万余支新鲜芍药。苏轼听了之后，深感此举劳民伤财。果然，走访花农之后，发现老百姓都怨声载道，于是就果断停办了一年一度的花会。百姓们十分欢喜。在扬州，苏轼还数次为民请命，请求赦免百姓多年“积欠”，并积极解决扬州漕运等困境。

来到扬州后的苏轼，开始写作“和陶诗”，即唱和陶渊明的诗。虽然与陶渊明相隔悠悠七百年的时光，但苏轼感觉自己可以通过陶诗畅通无阻地跟陶渊明沟通，他视陶渊明为精神上的知己。在扬州，他写完了《和陶饮酒二十首》，其一为：

我不如陶生，世事缠绵之。
云何得一适，亦有如生时。
寸田无荆棘，佳处正在兹。
纵心与事往，所遇无复疑。
偶得酒中趣，空杯亦常持。

元祐七年（1092年）八月，朝廷又召回苏轼，让他担任兵部尚书兼侍读。两个月后，他很快被转为端明殿学士、礼部尚书。第二年三月，苏轼再次遭到弹劾，他再次请求外放，又被派到定州任太守。

苏轼正准备出发时，妻子王闰之忽然病倒，不久便去世了，时年四十六岁。苏轼极其悲痛，作下祭文，说自己死后要和闰之葬在一起。他情绪低落，在给苏辙的信中写道：“今年中山去，白首无归期。”

九月，高太后去世，十八岁的哲宗执政，他排斥和打击高太后重用的臣子，新党再度执政。这时被贬谪的章惇又被哲宗拜相。怀恨已久的章惇除了逐步恢复熙宁新法，更酝酿着一场暴风雨式的报复。所有的元祐臣子都遭到贬黜，陆续离开京城。甚至四朝元老、九十二岁的贤相文彦博都被降级罢黜，降授太子少保，以致郁郁去世。七十一岁的吕大防也病死于流放途中。苏轼的门人被全部驱逐。

十月，苏轼到了定州。定州是大宋的边防城市，苏轼下车伊始即定下“整军经武，振兴经济，关注民生”的治州方略。为了加强边防建设，他还积极发展民兵，让青壮年“带弓而锄，佩箭而樵”。

绍圣元年（1094 年）四月，在定州仅仅待了半年，因朝中集中打击元祐大臣，苏轼被取消端明殿学士、翰林侍读学士的称号，撤销定州知府的职务，以左朝奉郎的身份贬谪到英州（今广东英德）担任知州，但路途中又接到重新论罪的新命，“告下降充左承议郎，仍知英州”。紧接着第三道诰命又下：“诏苏轼合叙复日不得与叙。”意思是不允许他再升迁了。

英州路途遥远，去英州前，苏轼先到汝州与弟弟苏辙相聚，苏轼一直想在常州一带定居，之前在宜兴有购置的田产，于是兄弟二人商议将家人安置到宜兴。

六月，苏轼被贬为宁远军节度副使、惠州安置，并不得签署公事。苏轼一年之内从身居要职、权倾朝野的重臣，又沦落为一文不值、狼狈不堪的小吏，不由得感叹：“四十七年真一梦，天涯流落泪横斜。”

九月，苏轼翻越大庾岭。站在岭上，见碧涛阵阵，苏轼思潮起伏，决心遗忘过去种种，一切从头开始，只要有浩然之气充溢于胸间，他就不会被任何人击倒。他继续前行，并写下《过大庾岭》：

一念失垢污，身心洞清净。
浩然天地间，惟我独也正。
今日岭上行，身世永相忘。
仙人拊我顶，结发受长生。

十月，苏轼带着朝云与苏过抵达惠州。此前，因为担心岭南艰苦，苏轼命苏迨把其他家人都送到了宜兴跟苏迈居住，并遣散了家中侍女，但朝云坚持相随。苏轼为此深受感动。

刚到惠州，苏轼就受到了惠州百姓的热烈欢迎，这让苏轼对惠州有一种似曾相识的亲切，写下了《十月二日初到惠州》：

仿佛曾游岂梦中，欣然鸡犬识新丰。
吏民惊怪坐何事，父老相携迎此翁。
苏武岂知还漠北，管宁自欲老辽东。
岭南万户皆春色，会有幽人客寓公。

因为无权处理公事，苏轼没有住所，也没有俸禄。当时惠州知州詹范也是苏轼的粉丝，顶着朝廷的压力，詹范安排他居住在当时惠州的名楼“合江楼”，并时常接济他的生活。登上此楼，近有江帆，远有山树，都尽收眼底。“江风初凉睡正美，楼上啼鸦呼我起。”苏轼忘却了一路疲惫，感到十分愉悦。

对于詹范的好意，苏轼是极为感激的，经常提着礼物去看望他。这天，苏轼不仅提了一条鲈鱼，还带上了自己刚刚酿好的桑落酒去拜访詹范。二人一同品尝着枇杷果，吃着冰盘鲈鱼、槐芽饼，喝着泛着泡沫的桑落酒，高谈阔论，很是快乐。苏轼作了一首《二月十九日携白酒鲈鱼过詹使君食槐叶冷淘》：

枇杷已熟粲金珠，桑落初尝滟玉蛆。
暂借垂莲十分盏，一浇空腹五车书。
青浮卵碗槐芽饼，红点冰盘藿叶鱼。
醉饱高眠真事业，此生有味在三余。

刚在合江楼住了十多天，朝廷就责令惠州府对他严加看管。苏轼不得不搬出合江楼，迁往荒郊野外的嘉祐寺居住。当地一位王参军非常同情苏轼的遭遇，就将自家闲置的半亩地借给了他。苏轼便种上了萝卜和芥菜。

有一次，苏轼半夜喝醉了，无以解酒，他就去园中就着秋霜摘菜，然后煮着吃，只觉萝卜和芥菜滋味之鲜美，连鸡肉和猪肉也比不上。酒足菜饱，苏轼还即兴赋了一首《撷菜》：

秋来霜露满东园，芦菔生儿芥有孙。
我与何曾同一饱，不知何苦食鸡豚。

在惠州，苏轼尝到了岭南独有的特产荔枝。在惠州太守陈文惠公祠旁有一棵荔枝树，是宋真宗时期的名臣陈尧佐手植的，人称“将军枝”。这天苏轼与朋友在荔枝树下饮酒，见荔枝已大熟，“炎云骈火实，瑞露酌天浆”，于是便摘下一些荔枝。高处摘不到的荔枝，当地人就“纵猿取之”。听到猿猴能帮人摘荔枝，苏轼也很感新奇，看了一会儿热闹，然后记入了《食荔枝》诗的小序中。

荔枝晶莹剔透、清甜多汁，苏轼尝过之后为之倾倒。于是他写下了这首《惠州一绝》来赞美荔枝：

罗浮山下四时春，卢橘杨梅次第新。
日啖荔枝三百颗，不辞长作岭南人。

诗中所提到的罗浮山是岭南的名山之一。苏轼笔下的罗浮山，一年四季都是春天，常年都有新鲜的枇杷和杨梅。如果每天都能吃到三百颗荔枝，那就安心做个岭南人吧。因对罗浮山的喜爱，苏轼还把自己所酿的一种酒取名为“罗浮春”。

他还深情款款地写道：“海山仙人绛罗襦，红纱中单白玉肤。不须更待妃子笑，风骨自是倾城姝。”他认为，只有江瑶柱与河豚可与荔枝并列，属于顶级的美味：“似闻江鳐斫玉柱，更洗河豚烹腹腴。”

苏轼认为，他不可能再度返京，有可能会在岭南偏远之地一直住下去。于是，他打算在惠州买地，计划将苏迈、苏过及其家眷都从宜兴接到惠州，只留了苏迨在宜兴准备科举。

绍圣二年（1095 年）三月，苏轼的表兄兼姐夫程正辅赴广州任提刑。早在八娘去世之时，苏家便愤而和程家断交，苏轼与表兄也没了来往。然而此时二人都已年老，苏轼更已经淡看风云，世事多纷扰，还有什么怨恨是放不下的呢？二人相见，开怀畅饮，尽释前嫌。回想在蜀中一起玩闹的童年往事，二人心中均泛起温情。苏轼更作诗道：“世间谁似老兄弟，笃爱不复相疵瑕。”

绍圣三年（1096 年）三月，苏轼买下了白鹤峰上的几亩地，建屋二十间，周围都种上花草果树，花草沁芳、果香扑鼻。周围的老百姓听闻后，纷纷过来帮忙，使得苏轼的新居很快建成。但新居落成之前，朝云便病逝了，时年三十四岁。苏轼伤感不已。

惠州也有个西湖。湖上无桥，导致居民过河常发生事故，于是苏轼便与程正辅、詹范等官员商量，修建了“东新桥”与“西新桥”。他虽然已无权力，但依然关心百姓，利用自己的影响力竭尽全力地为民谋福。正如南宋陆游所评：“公不以一身祸福，易其忧国之心，千载之下，生气凛然。”

苏轼不仅动员官员们出面筹措资金，鼓励栖禅院和尚化缘积累资金，还毅然将御赐的犀带捐出，并写信给弟弟苏辙，动员弟媳史夫人捐出御赐的数千赏金，将所有钱款用以疏浚当地西湖。西湖疏浚之后，苏轼也筑苏堤一条，种上花树，令其与杭州西湖一般美不胜收。从此民间又有了“苏公处处筑苏堤”的说法。他走到哪里，哪里便是山明湖净。

在惠州，苏轼又写下了大量咏西湖的作品，如《江月五首》中道：“一更山吐月，玉塔卧微澜。正似西湖上，涌金门外看。”使得惠州西湖从此也天下闻名，清代诗人江逢辰言：“一自坡公谪南海，天下不敢小惠州。”

在惠州，苏轼继续唱和陶渊明，两年多时间竟创作了 109 首和陶诗。加上后来在儋州所作，苏轼一生创作了 124 首和陶诗。《和陶归园田居》中苏轼吟道：“环州多白水，际海皆苍山。以彼无尽景，寓我有限年。”苏轼还曾想象着把自己与葛洪、陶渊明画在一张图上。“愧此稚川翁，千载与我俱。画我与渊明，可作三士图。”据《东坡志林》记载，张鄂与苏轼讨论养生之道，苏轼给了四个建议：“一曰无事以当贵，二曰早寝以当富，三曰安步以当车，四曰晚食以当肉。”其宁静与恬淡，与陶渊明如出一辙。

这天，苏轼从所住的嘉祐寺信步而出，想前往山上的松风亭下，走了一会儿，他感到腿酸疲乏，很想在亭子里休息一下。但他抬头看看松风亭，还遥不可及，如何爬上去休息呢？苏轼独自沉思了一会儿，忽然间，为什么自己一定要到亭子里才能休息呢，就在这里不行吗？于是他豁然开朗，瞬间轻松自在了起来，好像已经挂在钩上的鱼儿忽然得到了解脱。

苏轼由此领悟到，人生在世，应该顺其自然、随遇而安，不能有执念，就像游松风亭，如果力所不逮的话，自己未必一定要到达松风亭，就在山下看看风景，悠然漫步也可以。只要人不给自己设限，心灵就可以不被禁锢，就可以得到轻松和自由。

一日，苏轼正躺在破旧的寺庙藤床上，春睡刚醒，起身看着镜中自己满头白发，满脸病容，不胜唏嘘。这时寺中的道人轻轻敲响了钟，知道他们是怕惊扰自己的睡眠，心中感动，写下一首《纵笔》：

白头萧散满霜风，小阁藤床寄病容。
报道先生春睡美，道人轻打五更钟。

苏轼的诗照例传播极快，很快就传到汴京，被章惇见到了。章惇见诗中“为报先生春睡美”一句，认为苏轼在惠州的日子太过安稳舒适了，于是就把苏轼贬去海南儋州。

苏轼还没来得及在惠州的白鹤新居安心住上几个月，他的漂泊就又开始了。

归去来兮

绍圣四年（1097 年）四月，苏轼离开惠州。在宋朝，放逐海南是仅比满门抄斩罪轻一等的处罚。《书海南风土》记载：“岭南天气卑湿，地气蒸溽，而海南为甚。夏秋之交，物无不腐坏者。人非金石，其何能久？”海南的气候比岭南更为恶劣，人在这种环境下，能撑多久呢？

苏轼也以为，这一去，可能就要死在海南了：“问翁大庾岭头住，曾见南迁几个回。”于是苏轼与长子苏迈诀别，交代后事，把家眷留在惠州，只带着幼子苏过去到儋州。他准备到了儋州之后，第一件事就是做棺材，修墓地，打算死后葬在海南。

年已六十二岁的苏轼乘舟到达了海南儋州，看到海霞漫天的瑰艳之景，听到海风萧萧的壮阔之声，真可谓“垂天雌霓云端下，快意雄风海上来”。苏轼身处内陆，从未见此水天无际的奇景，先是悲叹：“什么时候才能出这个岛呢？”很快他又振奋起来，因为，又有多少人能够目睹如此雄壮美景呢：

眇观大瀛海，坐咏谈天翁。
茫茫太仓中，一米谁雌雄。
幽怀忽破散，咏啸来天风。
千山动鳞甲，万谷酣笙钟。

在儋州，苏轼“食无肉，病无药，居无室，出无友，冬无炭，夏无寒泉”，生存环境极为恶劣。而朝廷又对他下了不得食官粮、不得住官舍、不得签署公事三条禁令。刚到时，苏轼在儋州军使张中的帮助下，住进了官舍，但官舍破陋不堪，“风雨睡不知，黄叶满枕前”。张中又赶紧派兵修整。

张中爱好下棋，正好苏过也颇好此道，于是张中常常上门拜访，与苏过对弈。苏轼便在一旁观战，这种久违的宁静与悠闲让他想起了昔日在庐山白鹤观时，也在一片寂静之中听到了有人下棋落子之声，于是写了一首《观棋》：

五老峰前，白鹤遗址。长松荫庭，风日清美。
我时独游，不逢一士。谁欤棋者，户外屦二。
不闻人声，时闻落子。纹枰坐对，谁究此味。

空钩意钓，岂在鲂鲤。小儿近道，剥啄信指。

胜固欣然，败亦可喜。优哉游哉，聊复尔耳。

可惜这种宁静与悠闲很快又被打破，董必从雷州半岛来到海南儋州视察，发现苏轼居然有官舍可住，赶紧上报朝廷。于是，苏轼又被赶了出来。而照顾苏轼的张中也因此被撤职。

苏轼对董必此举当然不满，为此作了一篇故事讽刺他，说自己有一天喝醉了，在家卧床休息。突然一个鱼头水怪从大海中出来，说南海龙王广利王邀请他前去水晶宫。于是他就披衣而起，戴着帽子，跟着水怪行于水下，四面风吼雷鸣。忽然眼前一亮，现出珠宫玉阙，原来已到水晶宫了。宫殿高大华丽，悬挂着夜光宝珠，摆设着珊瑚和琥珀，璀璨明亮，不可仰视。一会儿，南海龙王佩着宝剑、穿戴华丽地出来迎接他，说是久闻学士大名，因有几位仙人前来做客，因此想请他挥笔作诗以助雅兴。

龙王便呈上十尺宽的鲛绡，请他在上面写诗一首。于是，苏轼挥毫落笔："天地虽虚廓，惟海为最大。圣王皆祀事，位尊河伯拜。祝融为异号，恍惚聚百怪。二气变流光，万里风云快。灵旂摇红纛，赤虬喷滂湃。家近玉皇楼，彤光照世界。若得明月珠，可偿逐客债。"写完递给龙王，龙王和在座仙人传看之后，都纷纷称好。这时候，龙王旁边的一个鳖相公却说："苏轼此诗不合时宜，直呼南海之神祝融之名，正犯了龙王的名讳。"龙王听了顿时大怒。苏轼赶紧告退，出来后感慨地说："真是不论走到哪里，都要被鳖相公陷害。"

苏轼没想到，到了海南，还有董必这种鳖相公继续陷害他。虽然在文字中过了下嘴瘾，痛快地嘲讽了他，但现实生活还是得继续。

没有地方住，苏轼只能在桄榔林边结茅筑屋。当地的黎族百姓热心地帮他运甓畚土，筑了几间泥屋。海南多雨，百姓还送了他斗笠和木屐。新居虽然简陋，但毕竟有了一个安身之所，且周边草木葳蕤，风景旖旎，方寸之间也可体验无穷之境。苏轼很是满意，写了一首《新居》，其中说道："朝阳入北林，竹树散疏影。短篱寻丈间，寄我无穷境。"

一日，苏轼喝醉了，迷了路，越走越觉得不对劲。他灵机一动，跟着牛粪的印记，找到了他家隔壁的牛棚，这才到了家："半醒半醉问诸黎，竹刺藤梢步步迷。但寻牛矢觅归路，家在牛栏西复西。"当地的黎族小孩也很喜欢苏轼，一见到他就吹着葱叶表示欢迎，苏轼觉得内心很温暖："总角黎家三小童，口吹葱叶送迎翁。莫作天涯万里意，溪边自有舞雩风。"

住在桄榔林周边，苏轼见此地食物十分奇异，与内地所食截然不同。当地人吃的主食是薯类和芋头，肉类则主要是鼠类和蝙蝠，猪肉和禽肉极其短缺，一如他诗中所说："五日一见花猪肉，十日一遇黄鸡粥。土人顿顿食薯芋，荐以熏鼠烧蝙蝠。"而就是这些奇异的食物，他也没有钱财购买，不得不卖尽酒器，只留下一个舍不得卖的精巧"荷叶杯"。

不过，当地民风淳朴，百姓对苏轼很友好，有的猎人打到猎物，还会特意送苏轼一些肉。邻居也会在祭祀之后送他祭品。苏轼交到了一些朋友，他们经常约苏轼一起外出游玩，比如黎子云兄弟，经常和苏轼一起出去钓鱼，苏轼不仅可以得鱼肉解馋，还可以在钓鱼中得到惬意与快乐，于是流连忘返："城东两黎子，室迩人自远。呼我钓其池，人鱼两忘返。”

有一天，苏轼背着一个大葫芦在田间边走边吟唱《哨遍》，遇到了一个七十多岁的老婆婆。苏轼跟老婆婆攀谈，老婆婆说：“内翰昔日富贵，一场春梦耳！”苏轼认为老婆婆是深具智慧之人，称她为“春梦婆”。

苏轼喜欢跟黎族百姓随心所欲地说话，不用担心哪一句话被抓小辫子。这一天是上元节，几个老书生来看苏轼，对他说：“良月佳夜，先生何不出去走走？”

苏轼欣然与他们同行，一边走一边放松地聊天。他们走过城西，路过僧舍，经过小巷，那里，有黎人也有汉人，他们正在买肉买酒，热闹非凡。等苏轼散步回来时，已经是三更半夜，家里人都睡熟了，只听到鼾声阵阵。

苏轼放下手杖，安心地笑了。他想起韩愈《赠侯喜》诗中道：“君欲钓鱼须远去。”但是一心在钓上的钓者，未必能得大鱼。人若有执念，未必能够如愿，顺其自然，随遇而安，反而会收获意想不到的快乐。

苏轼渐渐习惯了儋州的生活，对儋州又有了故乡般亲切的感觉，作下“我本儋耳人，寄生西蜀州”的诗句。他说，其实我本来就是海南人，只是出生在蜀地罢了，海南就是我的家乡，“他年谁作舆地志，海南万里真吾乡”。

他又写下《谪居三适》，说在儋州所体会到的三种乐趣，第一种是“旦起理发”，即晨起迎风梳头：“一洗耳目明，习习万窍通。”这种快乐竟没有办法用笔墨形容。第二种是“午窗坐睡”，即中午在窗下放松小睡：“身心两不见，息息安且久。”第三种是“夜卧濯足”，即晚上沉浸式泡脚，一边听炉上沸水发出松风般的声响，一边往瓦盆里交替加入冷水与热水：“况有松风声，釜鬲鸣飕飕。瓦盎深及膝，时复冷暖投。”

苏轼是最善于发现生活之美的，尤其美食。他发现海南盛产生蚝。把生蚝剖开处理干净，与酒同煮或炙烤，吃起来都特别美味。他对儿子苏过开玩笑说千万要保密，万一被北方人知道，争先恐后地要求被贬谪到海南来抢生蚝吃就不好了。

苏过后来亦作《怀惠许兄弟》诗，记录当地的美食，这是当年他和父亲苏轼一同品尝过的：“椰酒醍醐白，银皮琥珀红。伧狞醉野獠，绝倒共邻翁。薯芋人人送，囷庖日日丰。瘴收黎母谷，露入菊花丛。海蟹羞蚶蛤，园奴馈韭菘。槟榔代茗饮，吉贝御霜风……”

海南盛产槟榔，苏轼刚尝到槟榔时，还不大习惯其滋味，因此嚼了几下就吐了出来。但渐渐便感受到了槟榔回味无穷的妙处，并写下了“吸津得微甘，着齿随亦苦”“面目太严冷，滋味绝妩媚”的诗句。他发现当地的女孩喜欢头簪茉莉，也喜欢吃槟榔，于是写下“暗麝着人簪茉莉，红潮登颊醉槟榔”，女孩因簪茉莉而暗香袭人，因口嚼槟榔而红晕满颊。

海南的椰子当然也让苏轼异常惊喜。此前他从未见过椰子，以为椰子里清甜可口的椰汁就是椰子生出的美酒。他和儿子苏过在椰子树上敲下椰子，打开后畅快地喝着椰汁，喝完之后，苏轼觉得，这椰壳也可以拿来做个帽子，就交给专做帽子的匠师。匠师加工的椰子帽，简单古朴，戴起来还分外轻巧。苏轼为此又作了一首《椰子冠》：

天教日饮欲全丝，美酒生林不待仪。
自漉疏巾邀醉客，更将空壳付冠师。
规模简古人争看，簪导轻安发不知。
更著短檐高屋帽，东坡何事不违时。

在儋州，苏轼还见到一些异兽，如一种和凤凰一般美丽的五色雀，羽毛缤纷，作五彩之色，当地人以为祥瑞，认为久旱时见到五色雀就会下雨。苏轼在《五色雀（并序）》中记之道：“海南有五色雀，常以两绛者为长，进止必随焉，俗谓之凤凰，云久旱而见辄雨，潦则反是。”

尽管已经风烛残年，又被朝廷勒令不得签署公事，但苏轼依然心忧百姓，关注民生。他依然有着儒家以天下为己任的使命感，初到海南便写诗道：“天其以我为箕子。”箕子是“殷末三贤”，周武王封箕子于朝鲜，箕子将中华文明带去封地，使其地得到开化。苏轼认为自己就是肩负着上天使命的箕子，要把文明与文脉带入海南。于是，他带领百姓勘察水脉并进行凿井，得甘泉两眼，使百姓疾病大为减少。他劝说当地百姓爱惜耕牛、开垦荒地、多植稻谷，如此改善了当时儋州落后的农业生产。

苏轼还在儋州建造“载酒堂”作为学堂，以供讲学之用，为海南培养了大量人才。许多人不远千里，追至儋州，跟从苏轼治学。《琼台纪事录》称赞：“宋苏文忠公之谪儋耳，讲学明道，教化日兴，琼州人文之盛，实自公启之。”之前，海南从没有人进士及第。但苏轼来后，他的学生姜唐佐就成了儋州的第一个举人。苏轼的另一个儋州学生符确则参加殿试考中进士，成了海南历史上的第一位进士。

绍圣五年（1098年）二月，苏轼做了一个梦，梦里回到了故乡眉山，醒来后却空无其事，怅惘之余，作下《和陶渊明归去来兮辞》，抒发归乡之望："归去来兮，请终老于斯游。我先人之敝庐，复舍此而焉求？均海南与汉北，挈往来而无忧……"多少年没有回去了，那故乡的山水、故乡的童年、故乡的青春与爱，一时间纷纷涌上垂暮老人的心头。归去来兮！

归乡的希望是渺远的，他也许永远也回不去了。苏轼深知这一点，但旷达的他依然和往常一样开导自己，从未让自己陷入某种悲伤之中："已矣乎，吾生有命归有时，我初无行亦无留。"

家乡亦有牵挂苏轼的老友。比如已经七十三岁的巢谷，他徒步从眉山出发，去寻访苏轼兄弟二人。他以瘦弱多病之躯，坚持步行万里之遥，终于来到了循州，见到了苏辙。二人相见之后悲喜交加，相对执手哭泣，然后诉说平生之事，说了一个多月也不觉满足。然后巢谷便准备出发，渡海去儋州见苏轼。苏辙一再劝说他，但巢谷坚持要去，无论多么艰难也要见到苏轼。苏辙见他行囊里只有几千钱了，于是凑了点钱给他当路费。

不幸的是，巢谷在去往海南的途中被人偷了行囊。后来那人在新州被抓，巢谷又赶到新州，希望追回一点路费，但因年老体弱，又长途跋涉，竟支持不住，就这样病逝了。苏轼听说消息之后，非常感动。苏辙为巢谷作了《巢谷传》，纪念这位兄弟俩共同的朋友。

元符二年（1099年），苏轼读到秦观所作的一首《千秋岁》，觉得太过悲戚低落，于是便作《千秋岁·次韵少游》，其豪迈超逸不减当年：

岛边天外。未老身先退。珠泪溅，丹衷碎。声摇苍玉佩。色重黄金带。一万里。斜阳正与长安对。

道远谁云会。罪大天能盖。君命重，臣节在。新恩犹可觊。旧学终难改。吾已矣。乘桴且恁浮于海。

这是苏轼一生中所作的最后一首词，抒发了对贬谪的不满，也表现了自己的超脱与进取。苏轼潇洒地表示，即使君恩浩荡，自己被赦免，也绝不会改变一贯的处世原则与为人方式。如果政见依旧不被采纳，那么就乘一叶舟漂浮在茫茫大海上，在天风海涛中度过余生。苏轼的精神绝不会妥协，不会屈服，只会升华和超越，因此词风依旧健朗，意境依旧开阔。这首词被誉为“贬谪文化”的最强音。

苏轼在儋州，共创作了 174 首诗词，156 篇散文赋颂，还修改订正了他贬居黄州时写成的九卷《易传》和五卷《论语说》，新著了十三卷《书传》，编辑了五卷《东坡志林》。前三者苏轼尤为重视，这是他一生学术思想的总结。他只要用手轻轻抚摸着这三部书，便会涌起一种此生不曾虚度的感觉，甚至认为这三部书超过了他的一切成就，“其他何足道”。

元符三年（1100 年）正月，宋哲宗驾崩，弟弟端王赵佶即位，是为宋徽宗。二月大赦天下，五月，苏轼被调广西廉州安置、舒州团练副使、永州安置。出发那天，当地百姓闻讯赶来相送，依依不舍。

章惇之前强烈反对端王赵佶即位，甚至说：“端王轻佻，不可以君天下！”宋徽宗即位后，自然对他猛烈打压。章惇被贬到了雷州，差一点也要过海了。作为一个富有才干的老臣，章惇是有远见卓识的，后来，宋徽宗果然断送了赵宋王朝。

苏轼听闻章惇被贬，担心不已，写信给章惇的外甥黄寔道：“子厚得雷，闻之惊叹弥日。海康地虽远，无甚瘴。舍弟居之一年，甚安稳。望以此开譬太夫人也。”

苏轼北归，以他的声名，很有可能重掌朝政。章惇的儿子章援曾是苏轼元祐三年（1088 年）知贡举时所取进士，是其门生，为此倍感凄楚惶恐，写信给苏轼叙师生之谊，并为父亲之事向苏轼求助。苏轼读信后十分喜悦，称其文佳，深感慰藉，回信写道：“轼与丞相定交四十余年，虽中间出处稍异，交情固无所增损也。闻其高年寄迹海隅，此怀可知，但已往者更说何益，惟论其未然者而已。”并且还将自作的《继续生论》和养生药方随信寄赠。苏轼依然把章惇当作好友，无论他们之间曾经因为政见分歧而有过多少争斗和不快，那些都已经过去了。只是他们没有机会再相逢了。

“苏门四学士”也纷纷获诏，或内迁，或被起用。秦观身处雷州，与苏轼最近。六月二十一日，苏轼离开儋州，渡过琼州海峡，到雷州半岛与秦观相会。师生相见，悲喜交加，秦观感叹：“绿鬓朱颜，重见两衰翁。”昔日在徐州，他拜在苏轼门下的时候，苏轼才四十出头，年富力强，秦观也是不满三十岁的年轻人，然而时光弹指，岁月无情，暮年之时师生再会，都已年老体衰、白发苍颜。

这也是他们最后一次会面，八月十二日，秦观北行至滕州时，因“伤暑困卧”不幸逝世，时年五十二岁。苏轼听闻后非常悲痛，两天两夜都没有吃东西，悲叹道：“当今文人第一流，岂复可得？”

在澄迈驿渡口时，看到遥遥的大陆，青山杳杳细如发丝，而现在自己终于可以返回了，苏轼胸中涌动着欢喜、怅然、怀念、温情等诸多情愫，他写下告别海南的《澄迈驿通潮阁二首》，其二为：

余生欲老海南村，帝遣巫阳招我魂。
杳杳天低鹘没处，青山一发是中原。

六月二十日晚，苏轼携子渡海，并写下了《六月二十日夜渡海》一诗：

参横斗转欲三更，苦雨终风也解晴。
云散月明谁点缀，天容海色本澄清。
空余鲁叟乘桴意，粗识轩辕奏乐声。
九死南荒吾不恨，兹游奇绝冠平生。

参星横，北斗转，夜已快到三更，接连的凄风冷雨，也终于天晴了。乌云散去，月光倾城，用不着点缀，青天碧海本来就是澄清明净的。正如历经千辛万苦之后，苏轼的灵魂依然是澄净清澈的。虽然被贬南荒，虽然九死一生，但苏轼心中了无遗憾，因为这些经历最是奇绝，平常人中有几个能拥有呢？

建中靖国元年（1101 年）三月，苏轼由虔州出发，经南昌、当涂、金陵，五月途经润州，在金山寺中，看到昔日李公麟所绘的自己画像，作《自题金山画像》一诗于上：

心似已灰之木，身如不系之舟。

问汝平生功业，黄州惠州儋州。

饱经沧桑的心，就像已燃成灰烬的木头；这一生颠沛流离，好似无法拴系的小舟。但是，要问自己一生的功业在何方，恰恰在自己被贬谪的三州：黄州、惠州和儋州。正是在这三个贬谪之地，苏轼完成了自己灵魂上的超脱与沉淀，实现了人生价值的全面升华。

五月下旬，苏轼由金山返回真州，此时他的身体已经微感不适。在真州，他遇到了特意赶来相见的老友米芾，大为惊喜。苏轼还随米芾去了他的西山画院游览。

进入六月，天气越发炎热。苏轼身体越来越不适，“海外久无此热”。六月三日，苏轼因为饮冷过度，患了痢疾，整晚不能入眠。第二天他便唤人熬了黄芪粥服下，觉得舒服多了。

六月十五日，苏轼终于返回了常州，他曾经梦想终老的地方。他回来的消息令百姓轰动，大家都想要一睹苏大学士的风采。沿路都有百姓追随着他的船只，向他招手欢呼，以示欢迎。苏轼十分感动，对船上其他人说：“如此欢迎，真是折杀人也。”

然而一路长途跋涉的劳累颠簸，令他更加感觉不适。加上晚上又有蚊虫叮咬，无法入睡，他写信给米芾道：“晚上通宵达旦地失眠，只能坐着喂蚊子了，不知道今夜如何度过。”终于，苏轼病倒了，痢疾加瘴毒，令他持续腹泻，全身乏力。

到达常州后，苏轼住进了好友钱公辅的儿子钱世雄为他租借的孙氏馆。钱世雄既是他后辈，也是他的好友。自从苏轼到了常州，钱世雄每天都会来看他，坐在病榻前陪他聊天。

这天，钱世雄来看苏轼时，他自病榻上慢慢坐起来，对钱世雄说："我能万里迢迢地回归中土，十分高兴，所遗憾的就是最后没有再与子由见一面。我们曾经携手田园、风雨对床的约定，再也不能实现了。"苏轼又说自己完成了《论语》《尚书》《易经》三部书的注解，想把书托付给钱世雄，并嘱咐钱世雄先将稿本妥善收藏，不要让人看到，三十年后，这三部注解将会受到人们重视。

苏轼还把在岭南和海南写的诗文拿给钱世雄看。只要谈起写作，他的眼睛便会放出光亮，似乎忘却了一切病痛："眉宇间秀爽之气，照映坐人。"苏轼生命中最初和最终的光亮，都是被写作点燃的。

七月十二日，苏轼忽然觉得病势好转，精神也好了不少。钱世雄来看他的时候，他还起床写了《惠州江月五首》。七月十三日，苏轼又写了《跋桂酒颂》。他把这些都送给了钱世雄。

众人都很高兴，以为他会好起来，没想到，这竟是回光返照。七月十四日，苏轼的病情又迅速恶化了。苏轼熟知药性，并未请郎中，而是给自己开了人参、茯苓、麦门冬等药。他感到口渴时，便饮下少许药汁。但他的病情还是一天比一天重。

七月十八日，苏轼把三个儿子叫到床头，说："我平生未尝作恶，自信不会进地狱。"又劝他们说："到了那个时候，千万别哭泣，让我坦然化去。"七月二十五日，杭州老友维琳方丈赶到常州来陪他。七月二十六日，苏轼写下此生最后一首诗：

庐山烟雨浙江潮，未至千般恨不消。

到得还来别无事，庐山烟雨浙江潮。[①]

庐山的烟雨跟钱塘江的潮汐都是闻名天下的风景，若是此生不去，难免会有千万种遗憾，但是当真正看到了这些风景，又感觉也不过如此，庐山烟雨就是庐山烟雨，钱塘江的潮汐就是钱塘江的潮汐。

人生已走到尾声，苏轼平静地告诉世人，辉煌与绚烂过后，一切都会归于平淡。人生无非如此，有美好也有遗憾，一切顺其自然，不需有执念。

七月二十八日，苏轼呼吸气短，于是强撑着沐浴更衣。维琳方丈在他耳边大声说："端明宜勿忘西方！"意思是说，端明学士不要忘记西方极乐世界，要想着来生。苏轼却低声说："西方不无，但此中着力不得！"西方极乐世界也许是存在的，但刻意想着前往，又有何用。钱世雄也劝他想想来生："固先生平时履践至此，更须着力。"苏轼最后缓缓说道："着力即差。"还是顺其自然吧，勉强为之就错了。

说完，苏轼含笑而逝，享年六十六岁。黄庭坚在《与王庠周彦书》中曾说："东坡病亟时，索沐浴，改朝衣，谈笑而化，其胸中固无憾矣。"

---

① 苏轼此诗见载于四川博物馆及其他相关书籍之中。例如：贾丰臻编《佛学易解》（商务印书馆，1916 年）和陆翔辑《当代名人新书信集》（上海广文书局，1920 年）。

噩耗传来，“吴越之民相与哭于市，其君子相与吊于家。讣闻四方，无贤愚皆咨嗟出涕”。没有人不为这个天才的逝去而感到哀伤。众多文人纷纷为其作祭文悼念。弟子李廌在祭文中评道：“道大不容，才高为累。皇天后土，鉴平生忠义之心；名山大川，远千古英灵之气。识与不识，谁不衋伤！闻所未闻，吾将安放！”

苏轼文名盖世，书画精绝，待人温厚，从无架子。他心忧百姓、关注民生，每到一地，都造福一方。他的形象亲切和蔼、诙谐幽默，不仅受到他所在时代普通百姓的喜爱，也受到后世人们的热烈欢迎。关于苏东坡的故事一直流传在民间，千年不绝。可以说，苏轼是中国古代最受到后人喜爱的文学家之一，所过之外，万古流芳。

手足之情

苏轼一生中最重要的情谊，自然是手足之情。他和弟弟苏辙从小一起长大，一起读书论道，一起赴京赶考，不仅有着深厚的兄弟情义，更有难得的知己之意。连官方的史书，都不禁为他们的兄弟情谊点赞。《宋史》中记载：“辙与兄进退出处，无不相同，患难之中，友爱弥笃，无少怨尤，近古罕见。”兄弟俩数十年间互相唱和。苏轼作品中以“子由”为题的诗词，就超过 100 首。

兄弟俩彼此非常欣赏，相互推崇。苏轼曾在《初别子由》诗中说：“我少知子由，天资和且清。”“岂独为吾弟，要是贤友生。”更在与朋友的诗中说道：“我生二十无朋俦，当时四海一子由。”苏轼还对苏辙说：“吾视今世学者，独子可与我上下耳。”天下才子滔滔，而苏轼认为只有苏辙可以与自己一分高下。他还曾说苏辙的文章胜过自己："子由之文实胜仆，而世俗不知，乃以为不如。"而苏辙也道："我初从公，赖以有知。抚我则兄，诲我则师。"面对苏轼的推崇，苏辙却是自愧不如，他认为，苏轼谪居黄州之后，"杜门深居，驰骋翰墨，其文一变，如川之方至，而辙瞠然不能及矣"。意思是，兄长贬去黄州之后，潜心写作，文风有如江水滔滔，功力炉火纯青，已成为文坛之中俯视众生的绝世高手，自己已经远远赶不上了。

苏辙原本是一个犀利大胆、耿直坦率的青年。在制举考试中，苏辙毫无顾忌地在对策中批评了朝廷。司马光倒是很欣赏，认为其"最为切直"，然而其他人却认为不妥，考官中的胡宿还提出苏辙语出不逊，应判不合格。最后由宋仁宗亲自定夺。仁宗性本宽厚，让苏辙入第四等，授商州军事推官。

而这边，苏轼任命文件已经下达，于是出发去凤翔做官。苏辙送了很远，从汴京一直送到开封地界，方才离开。从家乡到汴京，兄弟俩一直形影不离，这是他们平生第一次分别。

苏轼刚与弟弟分别，就思念不已，写下一首《辛丑十一月十九日既与子由别于郑州西门之外》，诗中还写到了兄弟俩以往一起在桌边听雨的记忆，希望弟弟即使拥有高官厚职也不要过于留恋，切勿忘却当年的约定：

不饮胡为醉兀兀，此心已逐归鞍发。
归人犹自念庭闱，今我何以慰寂寞。
登高回首坡垄隔，但见乌帽出复没。
苦寒念尔衣裘薄，独骑瘦马踏残月。

路人行歌居人乐，童仆怪我苦凄恻。
亦知人生要有别，但恐岁月去飘忽。
寒灯相对记畴昔，夜雨何时听萧瑟。
君知此意不可忘，慎勿苦爱高官职。

苏辙则是一边往回走，一边恋恋不舍地计算日程，这日他估摸着苏轼应该到了河南渑池。于是他写下了一首《怀渑池寄子瞻兄》：

相携话别郑原上，共道长途怕雪泥。
归骑还寻大梁陌，行人已度古崤西。
曾为县吏民知否？旧宿僧房壁共题。
遥想独游佳味少，无方骓马但鸣嘶。

苏轼的确来到了五年前兄弟俩一起上京赶考时经过的渑池。往事一幕幕浮现在他眼前。当赶到渑池时，苏轼的马死了，只得去买只驴子代步。父子三人都不会挑驴子，结果买了一只脚有些跛的蹇驴。苏轼骑着蹇驴继续赶路。到了渑池，三苏借宿于一座古寺，寺庙主持是一个名叫奉闲的老和尚。苏轼一时兴起，在墙上题了一首诗。

此时，苏轼故地重游，感慨无限。弹指五年，一切都变了。奉闲和尚去世了，弟子们把他的骨灰安放在一座新修的塔中，而他当年题诗的那堵墙，竟然倒塌了。于是，苏轼给弟弟回复了一首诗，写道：

人生到处知何似？应似飞鸿踏雪泥。
泥上偶然留指爪，鸿飞那复计东西。

老僧已死成新塔，坏壁无由见旧题。
往日崎岖还记否，路长人困蹇驴嘶。

当飞鸿远去之后，除了在雪泥上偶然留下的几处爪痕之外，又有谁会管它是要向东还是往西呢。人生飘忽不定，就像雪泥鸿爪。这个比喻是化用《景德传灯录》中天衣义怀禅师的话："雁过长空，影沉寒水，雁无遗迹之意，水无留影之心。"清代纪昀评道："前四句单行入律，唐人旧格；而意境恣逸，则东坡之本色。"虽然是表达时光匆匆、人生如梦的感叹，但苏轼在诗中却蕴有一种对于往日时光的缱绻怀念，读之并不觉得低落，反倒觉得明朗与温情。

苏辙对商州军事推官这个官职并不满意，第二年，任职商州的文件下达，但他决定辞官不赴，留在京城侍奉被任命为校书郎的父亲苏洵。嘉祐七年（1062 年）十月，苏轼听闻此事，作了《病中闻子由得告不赴商州三首》宽慰弟弟，表示支持其决定，其一为：

病中闻汝免来商，旅雁何时更著行？
远别不知官爵好，思归苦觉岁年长。
著书多暇真良计，从宦无功漫去乡。
惟有王城最堪隐，万人如海一身藏。

苏轼正在病中，知道弟弟不用来商州的消息，反而有几分欢喜。兄弟二人如飞雁一般分散两地，不知何时再成行。相隔遥远，他思念弟弟，不觉官场有什么值得留恋的。想家却不得归，时光显得愈发漫长，这种痛苦才是煎熬的。弟弟侍奉父亲，就有了更多时间研讨学问撰写文章。而自己在凤翔做官少有建树，离开家乡还未立寸功。京城是最好隐居的地方，弟弟可藏身于茫茫人海之中。

这三首诗是苏轼写给弟弟的家信，蕴含了深情厚意，虽任意挥洒，却是自然凑泊、触手生春。清代吴乔《围炉诗话》盛赞“惟有王城最堪隐，万人如海一身藏”一句，认为苏轼“如此胸襟，真天人也”。

王安石开始变法后，兄弟俩因为反对变法而外放为官。苏轼到了杭州当通判，苏辙去了陈州当州学教授。苏轼上任途中去看苏辙，写了一首《戏子由》，前面六句叹息弟弟生活清苦：“宛丘先生长如丘，宛丘学舍小如舟。常时低头诵经史，忽然欠伸屋打头。斜风吹帷雨注面，先生不愧旁人羞。”苏辙长得极高，但住的房子很低矮，平时低头看书还好，若是想伸个懒腰，一不小心就会碰到屋顶。斜风吹开帷幕，雨水淋在脸上，而他却浑若无事，不在意别人的目光。这几句写得很是风趣幽默，但是掩不住作为兄长的心疼之意。后面继续称赞苏辙安贫乐道的风骨，赞他“门前万事不挂眼，头虽长低气不屈”。

《戏子由》最后说道：“文章小技安足程，先生别驾旧齐名。如今衰老俱无用，付与时人分重轻。”文章不过是雕虫小技，哪里值得效法？你我过去枉自以文章并称。如今都衰老成了无用之人，只好让人们去掂量轻重，去进行品评。其实写诗时苏轼三十六岁，苏辙三十三岁，哪里是衰老了呢？这里是苏轼因为兄弟俩反对新法、遭到排挤而激愤，于是用反语相讥。

熙宁九年（1076年）中秋之夜，苏轼在密州超然台上一边饮酒，一边看着空中皎皎明月，不由得又想起了已经几年未见的弟弟苏辙。他到密州来，也是希望能离弟弟近一点，可以相互照顾，然而兄弟俩却各自忙碌、琐事缠身，依然不得相见。唯一能相通的，也许就是都在仰望天上的明月吧！

就在这个夜晚，他写下了脍炙人口的《水调歌头·明月几时有》：

明月几时有？把酒问青天。不知天上宫阙，今夕是何年。我欲乘风归去，又恐琼楼玉宇，高处不胜寒。起舞弄清影，何似在人间。

转朱阁，低绮户，照无眠。不应有恨，何事长向别时圆？人有悲欢离合，月有阴晴圆缺，此事古难全。但愿人长久，千里共婵娟。

苏辙接到这首词，深感兄长厚谊，也写了一首《水调歌头》相和，抒发对兄长的思念之情：

离别一何久，七度过中秋。去年东武今夕，明月不胜愁。岂意彭城山下，同泛清河古汴，船上载凉州。鼓吹助清赏，鸿雁起汀洲。

坐中客，翠羽帔，紫绮裘。素娥无赖，西去曾不为人留。今夜清尊对客，明夜孤帆水驿，依旧照离忧。但恐同王粲，相对永登楼。

苏轼的词太有名了，当时一出，天下无人不拍案叫绝，千百年后，苏轼的《水调歌头》依然被谱曲传唱，苏辙的这首则不为人所知。

熙宁十年（1077 年），苏辙去南京上任，此时的苏轼则去徐州上任，七年未见的两兄弟终于在澶濮相见。苏辙决定送哥哥去徐州，并且在徐州留了一百多天，哥俩终于又像童年那样过了一段形影不离的日子。

兄弟俩共度了中秋佳节，但中秋过后，就又要奔赴不同的地方任职。阔别七年，始得相见，又要分离。苏轼伤感不已，此夜兄弟俩可以一起赏月，可是明年呢，他们又身处何方，是否还能相聚赏月？于是，苏轼写下《阳关词·中秋月》：

暮云收尽溢清寒，银汉无声转玉盘。
此生此夜不长好，明月明年何处看。

这期间，苏辙也作了《逍遥堂会宿》两首，抒发相遇又要离别，欢喜与惆怅兼备的矛盾情感，希望能早日实现“安知风雨夜，复此对床眠”的约定，退隐田园，闲居守望。

苏辙此时已经在官场上历经沧桑，成熟通透了许多，再也不是过去的冲动青年，而是沉稳冷静的中年人了。苏辙忧心忡忡地劝哥哥，为人不要太过真诚坦率，写文也不要忘乎所以，担心又会有人小题大做，故意陷害他：“常恐坦率性，放纵不自程。”弟弟的话，苏轼听是听进去了，改是不会改的。

苏轼则担心弟弟要操持一大家子人的生计。他看到苏辙六个女儿都布衣荆钗，就知道他度日艰难，幸好弟媳贤惠，还能帮忙：“森然有六女，包裹布与荆。无忧赖贤妇，藜藿等大烹。”兄弟俩相互的关心与体贴之语，都安慰了对方奔波劳苦的灵魂。

苏辙后来又生了一个女儿，一共七个女儿，除了两个早夭之外，长大成人的有五个。此外，他还有三个儿子。宋代士大夫流行厚嫁，苏辙疼爱女儿，平生积蓄几乎都用来给女儿置嫁妆了，甚至卖掉了自己的房子以及早年购置的田地，可以说是倾家荡产，负债累累。苏轼在给章惇的书信里就曾满怀忧虑地提到这件事：“子由有五女，负债如山积。”

为了弟弟，苏轼忙着到处物色侄女婿，将侄女们一个个都嫁了好人家。只要是苏轼开口，被看中的青年都会毫不犹豫地一口答应。苏辙深为感激，在诗里也提及此事。

元丰五年（1082 年），苏辙到黄州看望苏轼。兄弟俩载酒泛流，到武昌西山上的九曲亭游玩。苏辙写了一篇《武昌九曲亭记》，文中把苏轼写得如同魏晋人物一般风神潇洒：“昔余少年，从子瞻游。有山可登，有水可浮，子瞻未始不褰裳先之。有不得至，为之怅然移日。至其翩然独往，逍遥泉石之上，撷林卉，拾涧实，酌水而饮之，见者以为仙也。”

苏辙回忆少年时，苏轼就经常带着自己到处游玩，遇山登山，遇水划船，苏轼每次都是带头的，提起衣服卷起裤脚先下水。有时苏轼独自一个人出游，自在地在泉边岩石上漫游，采摘着树林中的山花野草，随意捡着山中的落果，喝着清澈的溪水，见到的人以为自己遇到了山中的神仙。言语之中，充满了欣赏与骄傲之意。

宋哲宗上位之后，苏轼、苏辙再次被起用。苏轼复为朝奉郎知登州，苏辙被召回朝廷任秘书省校书郎。与苏轼始终坚持自我个性不同，苏辙变得更加沉默寡言、稳重谨慎，这一点深得高太后之心，也令政敌难以对他展开攻击。很快，苏辙一路飞升，从户部侍郎升御史中丞，又从御史中丞升尚书右丞，相当于副宰相。

元祐六年（1091 年），苏轼到颍州任职，后又到扬州。在此期间，他又写了很多思念苏辙的诗词，其中便有一首《满江红·怀子由作》，想象着在京城见到苏辙，二人一起在池边游玩，欢乐地踏春赏花：

清颍东流，愁目断、孤帆明灭。宦游处、青山白浪、万重千叠。孤负当年林下意，对床夜雨听萧瑟。恨此生、长向别离中，添华发。

一尊酒，黄河侧。无限事，从头说。相看恍如昨，许多年月。衣上旧痕余苦泪，眉间喜气添黄色。便与君、池上觅残春，花如雪。

绍圣元年（1094 年），宋哲宗亲政，新党又上台。苏轼被贬为远宁军节度副使、惠州安置；苏辙则因为反对恢复新法被贬汝州。苏轼到惠州之时捉襟见肘，都不能安排妻儿，“米尽初不知，但怪饥鼠迁”。苏辙虽然也是负债累累，自顾不暇，但还是想尽办法筹钱，给了兄长七千绺。

绍圣四年（1097 年），苏轼、苏辙再次被贬，苏辙被贬为化州别驾，雷州安置；苏轼被贬琼州别驾，昌化军安置。苏轼依旧会向弟弟分享自己在琼州的所见所闻以及吃到的美食。苏辙也会向兄长分享生活琐事，分享自己做了曾祖的喜悦。苏轼听闻此好消息，高兴地写了书信祝贺，认为“无官一身轻，有子万事足”。

这年五月十一日，苏轼与苏辙在贬谪途中相会在藤州。苏轼带了幼子苏过，苏辙也只带了史夫人和幼子苏远。兄弟俩好不容易见到面，生了无限欢喜。二人和少年时一样，在山中同睡同起，在月下秉烛夜谈：

萧然两别驾，各携一稚子。
子室有孟光，我室惟法喜。
相逢山谷间，一月同卧起。

白天兄弟俩在山区店铺里吃饭，炊饼菜汤均难以下咽。苏辙勉强吃了几口，便放下筷子。苏轼却将那些粗糙的食物全部吃完，笑着对苏辙说：“子由还想细嚼慢咽吗？”再艰苦的环境，再难吃的食物，苏轼也能坦然以对。

苏轼晚上痔病发作，呻吟不止，苏辙亦终夕不寐，诵读陶渊明《止酒》诗劝兄长戒酒。于是苏轼作了一首《和陶止酒（并引）》。

六月十一日，两兄弟终于在海边诀别。苏辙目送着船帆远去，见兄长频频回望，心中涌起无法言说的悲凉：

送君渡海南，风帆若张弓。
笑揖彼岸人，回首平生空。

这是兄弟俩最后一次见面了，后来的岁月里，他们把盏凄然互望，用书信与诗词互相安慰。有一次风雨阻隔了海道，苏轼没有收到弟弟的信，非常焦急："停云在空，黯其将雨。嗟我怀人，道修且阻。"苏辙在梦中常见到兄长，嗟叹不已："瞻望匪遥，槛穽斯阻。梦往从之，引手相抚。"

元符三年（1100 年），苏轼被调广西廉州安置、舒州团练副使、永州安置。苏辙移永州、岳州安置，二人准备北归。

建中靖国元年（1101 年），苏轼在常州病逝。苏辙悲痛不已，他以为终于等到了和兄长的见面机会，兄弟俩也终于可以实现那个风雨对床的约定，最后却只听到了噩耗。

苏辙为苏轼撰写了墓志铭，是为《东坡先生墓志铭》。苏过按照苏轼的遗愿，将其安葬在了河南汝州郏县小峨眉山。

苏轼在儋州有个学生姜唐佐，苏轼甚重其才，赞扬他的文章气质雄伟磊落，倏忽变化。姜唐佐去广州应试前，请苏轼为他的扇子题诗，苏轼欣然题道："沧海何曾断地脉，珠崖从此破天荒。"并对他说，等他高中进士再题写另一半，对学生信心满满。

崇宁二年（1103 年），姜唐佐在河南汝州拜会苏辙。此时苏轼已在北归途中去世，姜唐佐跟苏辙诉说往事，拿着那柄题了一半的扇子黯然神伤。苏辙见状，接过兄长题诗的折扇，在上面挥毫续写道：

沧海何尝断地脉，珠崖从此破天荒。
锦衣不日人争看，始信东坡眼力长。

政和二年（1112 年）十月三日，苏辙逝世，时年七十四岁，后葬于郏县小峨眉山苏轼墓旁。

琴瑟和鸣

苏轼曾经写过《陌上花》三首。那是他在杭州为官时所作。在诗前，他写道："游九仙山，闻里中儿歌《陌上花》。父老云：吴越王妃每岁春必归临安，王以书遗妃曰：'陌上花开，可缓缓归矣。'吴人用其语为歌，含思宛转，听之凄然，而其词鄙野，为易之云。"

陌上花开蝴蝶飞，江山犹是昔人非。
遗民几度垂垂老，游女长歌缓缓归。

陌上山花无数开，路人争看翠軿来。
若为留得堂堂去，且更从教缓缓回。

生前富贵草头露，身后风流陌上花。
已作迟迟君去鲁，犹教缓缓妾还家。

吴越王钱镠的原配夫人戴氏王妃，原本是横溪郎碧村的一个农家姑娘，正是水乡人物，生得柳眉樱口，清丽动人，钱镠对她极为钟情。在成为一国之母后，戴氏思念家人，年年春天都要回娘家住上一段时间，看望并侍奉双亲。钱镠爱惜这位和他共经患难的结发之妻。戴氏回家住得久了，钱镠便要写信给她，以表相思之情。

有一年，戴妃又回了娘家。钱镠在杭州料理政事，一日走出宫门，看斜阳成碧，繁花似锦，思念之情忽然如潮水涌至，他忍不住回宫，研墨提笔，写信给妻子，其中有这么一句："陌上花开，可缓缓归矣。"这田间小道上的野花开得正好，心爱的妻子呀，不用急着回来，你慢慢地走，尽情享受一下这大好的春光。只要你欢喜，我多等等又有何妨呢？

陌上花开，可缓缓归矣。不说思念，而思念却满盈。淡淡一句，却柔情缱绻，蕴着深切的关怀与爱意。我愿那世间的花，都为你的笑靥而开。这宛若一首千言之诗。无数衷肠诉尽，无限温柔弥漫。

苏轼赞美这样的爱情。而他自己的爱情，也是荡气回肠。他一生之中，有过三个重要的女人，苏轼都给了她们尊重、欣赏与爱。她们也因进入苏轼的作品而得以不朽。

苏轼的第一任妻子王弗，是他老师、乡贡进士王方之女，聪慧谦谨，知书达理。北宋至和元年（1054 年），十六岁的王弗与十九岁的苏轼成婚。

苏轼少年时曾在书院随王方读书。当时书院旁有座寺庙，寺庙下有一泓潭水，碧绿幽深，养着许多鱼。王方想要给潭取个名字，就召来学生们征名，学生们纷纷提出各种名字，如藏鱼池、跳鱼池、观鱼池等，都显得太过寻常和平淡，王方并不满意。这时候，苏轼从容地说出“唤鱼池”，满座都觉新颖不凡，王方也觉满意。与此同时，王方的女儿王弗也让丫鬟送来了自己想的名字，居然也是“唤鱼池”。王方认为苏轼和王弗是天作之合，于是就将王弗许配给了苏轼。

王弗性格“敏而静”。刚嫁来的时候，她没有告诉苏轼自己通晓诗书，只是每当他读书时，她就坐在旁边静静聆听。后来苏轼每有遗忘之处，王弗都能适时给予提醒。苏轼好奇，于是便询问她别的书文，她都能够应声而答，苏轼不由得又惊又喜，认为她聪明而不外露，沉静而不张扬。

当苏轼在凤翔府做判官时，经常外出办公事，每次回来王弗都很关心，详细询问他办事的情况。王弗还经常嘱咐苏轼：“你在这人生地不熟，办事一定要小心谨慎。”在苏轼与访客交谈之时，王弗便悄悄站在屏风后面倾听，等人走后，她便跟他细致分析。有的人说话往往模棱两可，王弗便说：“何必跟这种人敷衍？闲费功夫。”若是有事情求他的人来和他套近乎，王弗便告诫他：“这种人不能长久做朋友，他能很快地跟你交朋友，也能很快地与你绝交。”王弗心细如发、谨言慎行，帮他辨析人情世故，句句在理。生性天真豪爽的苏轼对聪慧灵秀的妻子言听计从，对她充满了依赖。

王弗在治平二年（1065 年）卒于京师，年仅二十七岁，当时幼子苏迈才六岁。苏轼将王弗葬于故乡眉山苏洵夫妇之墓西北侧。他们在最好的年华相遇并相爱，彼此铭记了对方的青春。苏轼在葬她的山坡上手种松树相伴。松涛阵阵，爱深如海。

也许是以为来日方长，在王弗生前，苏轼没有为她写过诗词。在王弗去世第二年，他才写了一篇《亡妻王氏墓志铭》："君与轼琴瑟相和仅十年有一。轼于君亡次年悲痛作铭，题曰'亡妻王氏墓志铭'。"通过二三小事，记录了妻子的样貌品性，行文简洁，然情感真挚，深婉动人。铭末，苏轼悲叹道："余永无所依怙。"他感到自己已经永失所爱，再也没有人可以依靠了。可见苏轼对王弗用情之深，少年夫妻，以为会相持到老，彼此是对方唯一的爱，从未想过会突然分离，永远不见。

熙宁八年（1075 年）正月二十日，在密州的苏轼晚上忽然梦见已去世十年的妻子王弗。她容颜如昔，依然年轻，正对着镜子梳妆，宛若还是当年闺中模样，而自己却已双鬓苍苍，满面沧桑。二人相对无言，只是看着对方静静流泪。

醒来之后，苏轼悲伤不已，写下了那首传诵千古的悼亡词《江城子·乙卯正月二十日夜记梦》：

十年生死两茫茫。不思量。自难忘。千里孤坟，无处话凄凉。纵使相逢应不识，尘满面，鬓如霜。

夜来幽梦忽还乡。小轩窗。正梳妆。相顾无言，惟有泪千行。料得年年断肠处，明月夜，短松冈。

用词来写悼亡，这是苏轼的首创。即使王弗已经离去十年，他也从未忘记少年夫妻的昔日深情。无论时光过去再久，即使他垂垂老矣，妻子在他心里依然是当初的模样，他用一辈子的时光深深地怀念她。

王弗去世四年后，苏轼续娶了她的堂妹，年龄比苏轼小十一岁的王闰之。嫁给苏轼时，王闰之才二十一岁，从此陪伴他“身行万里半天下”整整有二十五年。

相比起王弗，苏轼在诗文中提到闰之的次数更多。在《腊日游孤山访惠勤惠思二僧》中，苏轼说：“腊日不归对妻孥，名寻道人实自娱。”这里的妻就是王闰之。苏轼在《后赤壁赋》中写道：“归而谋诸妇，妇曰：我有斗酒，藏之久矣，以待子不时之须。于是携酒与鱼，复游于赤壁之下。”这里的“妇”也是王闰之，苏轼想去赏月但没酒，回家一问，好在闰之体贴苏轼，常备美酒，以应对不时之需。

在杭州那年，遇上闰之生日，苏轼就带着一家人到西湖放生，并为她作《蝶恋花》：

泛泛东风初破五。江柳微黄，万万千千缕。佳气郁葱来绣户。当年江上生奇女。

一盏寿觞谁与举。三个明珠，膝上王文度。放尽穷鳞看圉圉。天公为下曼陀雨。

苏轼在词里提到的“三个明珠”，也就是三个儿子，长子为王弗所生，次子、幼子为闰之所生。闰之对他们都疼爱有加。在密州时苏轼写过一首《小儿》：

小儿不识愁，起坐牵我衣。
我欲嗔小儿，老妻劝儿痴。
儿痴君更甚，不乐愁何为。

还坐愧此言，洗盏当我前。

大胜刘伶妇，区区为酒钱。

当时在密州，苏轼公务非常繁忙，回到家里时已经十分疲惫了。但三岁的幼子苏过笑嘻嘻地跑过来牵住了苏轼的衣角，苏轼心里烦闷，忍不住对儿子发了脾气。闰之忙过来抱起了苏过，柔声劝慰苏轼，说："小孩子不懂事，你怎么比他还不懂事呢，整天发愁又有什么用。"苏轼也觉得不该如此，对儿子有了愧疚之心。

闰之随后倒了一盏美酒，递给苏轼，让他放松下来，小酌一杯，可解忧愁。苏轼为此在诗里大赞王闰之体贴如斯。

闰之的善解人意抚慰了苏轼焦虑的心，家永远是他温暖的港湾。他也因此悟道，发愁并不能解决问题，所以为何不开心一点儿呢？

苏轼在黄州时，亲自垦荒种田，闰之则在家养蚕纺纱，贴补家用。家中饲养的耕牛忽然发豆斑疮，眼看着奄奄一息，闰之记得家乡的一个医牛偏方，说："煮点青蒿粥给病牛吃，或许有用。"于是熬煮了一大盆青蒿粥。

病牛吃下青蒿粥，果然痊愈了。苏轼很是喜悦，认为闰之实在能干，并写信将此事以及药方告知好友章惇，笑称："老妻犹解接黑牡丹也。""黑牡丹"是牛的戏称。章惇则回信跟他开玩笑，说他是"牛医儿"。

闰之虽然并未读过多少书，但有一颗能体悟生活之美的玲珑诗心。

元祐七年（1092 年）正月，当时苏轼在颍州，那个晚上夜色很好，堂前梅花大开，月色鲜霁，闰之对苏轼说：“春月色胜于秋月色，秋月令人惨凄，春月令人和悦。何如召赵德麟辈来，饮此花下？”苏轼听了大喜，欣然说：“我还不知道你竟然能作诗呢。”直夸闰之“此真诗家语耳”。那晚苏轼与赵德麟在聚星堂小酌，写下一首《减字木兰花》：

春庭月午。摇荡香醪光欲舞。步转回廊。半落梅花婉娩香。
轻云薄雾。总是少年行乐处。不似秋光。只与离人照断肠。

闰之陪苏轼宦海沉浮，陪他走遍了大半个中国，陪他度过最艰难的日子，也陪他走到了人生的高光时刻，二人可以说是相濡以沫、相敬如宾。苏轼以她为傲，经常在诗文里夸奖妻子。可惜二人未能携手同老，王闰之只陪了苏轼二十五年。

苏轼在祭文中，誓言要与闰之死后同穴：“我曰归哉，行返丘园。曾不少须，弃我而先。孰迎我门，孰馈我田？已矣奈何！泪尽目干。旅殡国门，我少实恩。惟有同穴，尚蹈此言。呜呼哀哉！”后来，苏轼实现了他的誓言，死后与闰之合葬了。

王朝云是苏轼生命中第三个重要的女子，他为她写下的诗文最多。她遇见他时正值豆蔻年华，是西湖旁的一位歌女。而苏轼已经三十九岁了。

一天，苏轼同友人游西湖时，恰好见到朝云的歌舞，为之倾倒，有传说苏轼的名作“欲把西湖比西子，淡妆浓抹总相宜”是为朝云所作。朝云灵巧伶俐、秀色夺人，身上凝聚了西湖的灵气。闰之知道苏轼心意，便把王朝云买下，作为侍女。朝云冰雪聪明，常伴苏轼左右，跟着他学习读书写字，渐渐地成为满身书香气的才女。

熙宁七年（1074 年），苏轼在润州出公差，朝云给苏轼寄了一封心思巧妙的回文锦书。苏轼收到朝云的来信，见香笺之上，诗词回环往复，情意绵绵，读了一遍又一遍，不胜欢喜，赋词《减字木兰花》一首：

晓来风细。不会鹊声来报喜。却羡寒梅。先觉春风一夜来。
香笺一纸。写尽回文机上意。欲卷重开。读遍千回与万回。

到了黄州，元丰五年（1082 年），朝云已经长成亭亭少女，苏轼便将她纳为侍妾。第二年，朝云便产下一子。苏轼为其取名“遁”，取远离纷扰之意，并作《洗儿戏作》：

人皆养子望聪明，我被聪明误一生。
惟愿孩子愚且鲁，无灾无难到公卿。

苏轼文为魁首，名倾天下，却一生颠簸坎坷。他只希望自己的儿子健康平安，做个温暖的普通人即可。当然，这首诗还是忍不住讽刺了一下时事，只有“愚且鲁”的人才能做公卿，聪明人做不了。

元丰七年（1084 年），苏轼接到朝廷诏命携家眷赶往汝州，路途遥遥，婴儿根本经不起这样的折腾，七月二十八日，苏遁因中暑不治夭折。朝云肝肠寸断，哭得撕心裂肺，几乎要与儿子一同死去。但为了陪伴苏轼，朝云还是活了下来。苏轼对她更为疼惜。自此之后，朝云也开始参禅悟道，以求得心灵的解脱，摆脱精神上的痛苦。

朝云温婉聪慧，与苏轼心灵相通，仿佛一朵解语花。在汴京之时，有一次苏轼退朝回家，饭后在庭院中散步，突然摸着自己的腹部问侍女们："你们有谁知道我这里面有些什么？"

一侍女答道："学士腹中都是文章。"苏轼摇摇头。另一侍女说："学士满腹都是见识。"苏轼又摇头。朝云则微笑道："学士一肚皮的不合时宜。"苏轼闻言，捧腹大笑，赞道："知我者，唯有朝云也。"从此对朝云更加看重，愈发爱怜。

王闰之去世一年后，苏轼被贬往蛮荒之地的惠州。此时苏轼身边众多的侍儿姬妾都陆续散去，只有朝云始终如一，追随苏轼长途跋涉，翻山越岭，真正做到了"待浮花、浪蕊都尽，伴君幽独"。对此，苏轼深有感触，曾作一首《朝云诗》，将朝云比作天女：

不似杨枝别乐天，恰如通德伴伶元。
阿奴络秀不同老，天女维摩总解禅。
经卷药炉新活计，舞衫歌扇旧因缘。
丹成逐我三山去，不作巫阳云雨仙。

此诗有序云："世谓乐天有'粥骆马放杨柳枝'词，嘉其主老病不忍去也。然梦得有诗云：'春尽絮飞留不得，随风好去落谁家。'乐天亦云：'病与乐天相伴住，春随樊子一时归。'则是樊素竟去也。予家有数妾，四五年间相继辞去，独朝云者随予南迁，因读《乐天集》，戏作此诗。”白居易的侍女樊素在他年迈多病时悄悄离开了他，而朝云在他危难之际却毅然陪在他身边。他与朝云共同经历了许多艰难的岁月，感情越来越深沉，他视她为自己的平生知己，他们有着更深层次的精神交流。

宋哲宗绍圣二年（1095 年）春，苏轼在惠州作了一首伤春之作，为《蝶恋花·春景》：

花褪残红青杏小。燕子飞时，绿水人家绕。枝上柳绵吹又少。天涯何处无芳草。

墙里秋千墙外道。墙外行人，墙里佳人笑。笑渐不闻声渐悄。多情却被无情恼。

闲暇之时，朝云经常为苏轼唱歌解闷。到了惠州，有一天，落木萧萧，秋意渐浓，苏轼便唤出朝云唱《蝶恋花·春景》。朝云歌喉将啭，却泪满衣襟，苏轼问她为何如此，朝云说：“我不能唱完的，是‘枝上柳绵吹又少。天涯何处无芳草’。”苏轼笑道：“我正悲秋，你又伤春了。”朝云死后，苏轼终生不复听此曲。

苏轼的命运就仿佛那柳枝上的飞絮，飘飘荡荡，越贬越远，直到海角天涯。朝云深知苏轼在宦海沉浮中所受之苦，因此每唱到此处，便起了身世之悲。这是朝云对苏轼的懂得，也是对他的心痛。

两年后，朝云因水土不服染上瘟疫，再加上失子后心情始终抑郁，终于带着对苏轼的不舍与牵挂，在惠州逝去了。临终前她执着苏轼的手缓缓念偈：“一切有为法，如梦幻泡影，如露亦如电，应作如是观。”

朝云死后，苏轼将她葬在惠州西湖孤山南麓栖禅寺大圣塔下的松林之中，并在墓上筑六如亭以纪念她，亭柱上镌有一副楹联：

不合时宜，惟有朝云能识我；
独弹古调，每逢暮雨倍思卿。

苏轼在《荐朝云疏》中说朝云是“一生辛劳，万里追随”，又作了一首空灵蕴藉的《西江月·梅花》：

玉骨那愁瘴雾，冰姿自有仙风。海仙时遣探芳丛。倒挂绿毛么凤。

素面翻嫌粉涴，洗妆不褪唇红。高情已逐晓云空。不与梨花同梦。

梅花生在瘴乡却不畏瘴气，它冰肌玉骨，有神仙之姿。海仙经常派遣使者来到花丛探望，那使者就是倒挂在树上的绿毛小鸟。梅花素面朝天，不屑用铅粉来妆饰，即使花谢，梅叶也仍有嫣然红色。它高洁的情操已经追随清晨的云天，就不会与俗世的梨花拥有同一种梦想。

苏轼将朝云比作清雅坚韧、不同凡俗的梅花，蕴含了对朝云的无限思念。

诗书画乐

林语堂曾评价苏轼："苏东坡在中国历史上的特殊地位，一则是由于他对自己的主张原则，始终坚定而不移，二则由于他诗文书画艺术上的卓绝之美。"苏轼是中国文学史上罕见的全才，不仅诗词文章无不擅长，他还书法卓绝，为"宋四家"第一，其画也是文人画的典型代表，并提出"诗画一律"画论。此外，苏轼喜爱音乐，对其也颇有一番心得。在他之前的文学家里，说到诗书画乐皆精，只有王维可以跟他一比。

苏轼在凤翔府担任签判时，就亲眼观摩过唐代著名画家吴道子与诗人王维画的真迹，并获益良多。凤翔的普门寺与开元寺，有吴道子留下的佛像壁画，而王维则在开元寺的壁上留有墨竹图。苏轼是对任何事物都充满了好奇心和新鲜感的人，在凤翔自然到处游览，在此二寺见到王、吴二人的画，为之惊喜不已，仰头观摩。他只觉吴道子的壁画雄奇奔放，如同海浪翻滚，满壁风动。王维的画，则是有如其诗，清醇素朴，超尘绝俗。两位唐代顶尖画家的画作各有其精妙之处，令他目眩神驰，便写下这首《王维吴道子画》：

何处访吴画，普门与开元。
开元有东塔，摩诘留手痕。
吾观画品中，莫如二子尊。
道子实雄放，浩如海波翻。
当其下手风雨快，笔所未到气已吞。
亭亭双林间，彩晕扶桑暾。
中有至人谈寂灭，悟者悲涕迷者手自扪。
蛮君鬼伯千万万，相排竞进头如鼋。
摩诘本诗老，佩芷袭芳荪。
今观此壁画，亦若其诗清且敦。
祇园弟子尽鹤骨，心如死灰不复温。
门前两丛竹，雪节贯霜根。
交柯乱叶动无数，一一皆可寻其源。
吴生虽妙绝，犹以画工论。
摩诘得于以象外，有如仙翮谢笼樊。
吾观二子皆神俊，又于维也敛衽无间言。

在苏轼看来，古今画品，以吴道子和王维之画作为最尊。“道子实雄放”“吴生虽妙绝”，却不如“摩诘本诗老，佩芷袭芳荪”。他认为吴道子的画虽然“妙绝”，但还只是一位杰出的画工。而王维的画作则是还原了所画对象之神韵，就如神鸟飞离樊笼，超脱于形迹以外。吴道子的画，可以说是“进乎技矣”，具有了顶尖的画技。而王维的画是“得之于象外”，至臻化境，比吴道子的境界又要高上一层。显然，苏轼更推崇王维的画作。他强调绘画的意境与情境。苏轼在《跋蒲传正燕公山水》中也提出了这一点，认为燕公之笔“离画工之度数，而得诗人之清丽”。

传说苏轼曾夜观王维壁画。他于幽暗灯影之下凝神看得久了，觉得画上之人仿佛活了一般，反复流连观摩，久久不能离去。在《书摩诘蓝田烟雨图》中，苏轼说：“味摩诘之诗，诗中有画；观摩诘之画，画中有诗。”王维的诗中有画意，而画中又有诗意。在《文与可画墨竹屏风赞》中，苏轼曾有云：“诗不能尽，溢而为书，变而为画，皆诗之余。”诗歌所不能尽情表达的情感和灵感，可以转而在书法和绘画中表现出来，因此诗画本是一律，都是创作者内心情感与精神世界的体现。苏轼还在《书鄢陵王主簿所画折枝》中明确提出了“诗画本一律，天工与清新”：

论画以形似，见与儿童邻。赋诗必此诗，定非知诗人。
诗画本一律，天工与清新。边鸾雀写生，赵昌花传神。

在这首作于元祐七年（1092 年）的《青玉案·送伯固归吴中》中，苏轼又一次提到了王维以及他的名作《辋川图》：

三年枕上吴中路。遣黄耳、随君去。若到松江呼小渡。

莫惊鸥鹭，四桥尽是，老子经行处。

辋川图上看春暮。常记高人右丞句。作个归期天已许。春衫犹是，小蛮针线，曾湿西湖雨。

但对吴道子的画，苏轼也是很推崇的。他收集了不少吴道子的名画，并经常取出与朋友一起欣赏分享。苏轼还曾经将他写的与吴道子有关的画论寄给李公麟看：“道子画人物，如以灯取影，逆来顺往，旁见侧出，横斜平直，各相乘除，得自然之数，不差毫末。出新意于法度之中，寄妙理于豪放之外，所谓游刃余地，运斤成风，盖古今一人而已。”

苏轼爱画，尤擅墨竹、怪石、枯木，也画过人物、佛像、螃蟹、草虫等。苏轼画竹别具一格，自上而下，一笔画成，而当时的人画竹，常是先画节而后画干。苏轼所作《於潜僧绿筠轩》云：“可使食无肉，不可使居无竹。无肉令人瘦，无竹令人俗。人瘦尚可肥，俗士不可医。”强调“不俗”的审美主张。“不俗”在他的诗文、画卷中均有体现。可惜苏轼的画作存世很少，现仅存《枯木竹石图》《古木怪石图》《潇湘竹石图》等数幅。

苏轼认为绘画要能够写意，画者不仅摹其形，还得其神。苏轼曾在好友贾耘老处避雨，画风、雨、竹于澄晖亭壁上，并给画作题诗《与客游道场何山得鸟字》。如今画作已不复存世，但题诗存留了下来：“更将掀舞势，把烛画风筱。美人为破颜，正似腰支袅。”苏轼将竹子比喻成笑得腰肢袅娜的美人，其画作定也是清丽灵动。苏轼又在《黄葵》中评赵昌之画：“古来写生人，绝妙谁似昌……君看此活枝，中有风露香。”苏轼认为黄葵画得很是传神，观画时仿佛可以闻到沾染了风露的花香之气。苏轼所讲的其他画论中也经常强调形似与神似，认为神似是比形似更为高级的画技，非顶尖高手不能及，在《净因院画记》中，他也谈到了这点："世之工人，或能曲尽其形；而至于其理，非高人逸才不能辨。"

晁补之收藏了文同的一幅画，请苏轼题诗。苏轼便题了《书晁补之所藏与可画竹三首》，其一说："与可画竹时，见竹不见人。岂独不见人，嗒然遗其身。其身与竹化，无穷出清新。"苏轼所说的"身与竹化"源于庄子"物化"之说，画者藏身于竹，蕴自身之神韵于画竹之内，无须精心布局，自然清景无限，意蕴无穷。

文同曾画《筼筜谷偃竹》赠苏轼，元丰二年（1079年）正月，文同病逝。七月，苏轼在湖州曝晒书画，看到这幅遗作，写下《文与可画筼筜谷偃竹记》以记之，总结文同的绘画理论，并表明自己的态度。苏轼认为，画家作画之时，必当胸有成竹，这样方可一气呵成，不受阻碍："故画竹，必先得成竹于胸中，执笔熟视，乃见其所欲画者，急起从之，振笔直遂，以追其所见，如兔起鹘落，少纵则逝矣。"画竹先得成竹在胸中，方能得心应手，迅速完成。其他绘画也是如此，画家先得掌握熟练的技艺，胸中也有鲜活的形象，才能下笔轻快，有如神助："夫既心识其所以然而不能然者，内外不一，心手不相应，不学之过也。"苏轼认为绘画与写作一样，最终指向就是"自然"。苏轼在《书李伯时山庄图后》所提到的"有道有艺"，表达的也是同样的意思。

苏轼也好题画，他的题画诗共有109首。对于作画与赏画，苏轼毫无功利之心，全凭自己的兴味出发，故而深得画中之趣。元丰八年（1085年），苏轼作《惠崇春江晓景二首》：

竹外桃花三两枝，春江水暖鸭先知。
蒌蒿满地芦芽短，正是河豚欲上时。

两两归鸿欲破群，依依还似北归人。
遥知朔漠多风雪，更待江南半月春。

宋初诗僧惠崇，便是“小景山水”的代表人物，是当时著名的画家。细读诗作，便觉这画仿佛就在眼前，明丽可人，春天新鲜的气息仿佛要吹到人的面颊上。如今慧崇的画已不传，而苏轼的题画诗却把他的画永久地保存在诗意之中，供后人怀想追寻。

苏轼的书法自成一格，少年时学东晋王羲之，中年时则深受唐代颜真卿影响。他与黄庭坚、米芾、蔡襄并称为“宋四家”，居于“宋四家”之首。有一次，苏轼跟黄庭坚在一起讨论各自的书法，苏轼笑着说：“你的字虽然清劲，但是太过瘦长，像蛇挂在树梢。”黄庭坚马上回敬：“您的字我不敢轻论，只是偶尔会觉得褊浅，像极了石头压住了虾蟆。”虽然师生二人是开玩笑，但都恰到好处地总结了对方书法的风格。

米芾年轻时经好友马正卿介绍去黄州拜访苏轼，当时他还籍籍无名，又比苏轼小了十几岁，却十分狂傲，见苏轼也不持弟子礼。苏轼并不将这些俗礼放心上，与他热烈地谈论起书画之道，还拿出珍藏的吴道子画给他看。苏轼跟米芾谈论书法，根据他的特点建议他多学晋人，米芾听了苏轼的话，从此专学晋人，书法大进。

二人喝酒喝到酣畅淋漓处，苏轼还取纸贴墙，作了一幅竹石图，中有“两竹枝、一枯树、一怪石”，送给米芾，作为订交的礼物。米芾认为这幅画融入了苏轼当时的心境与生活感悟，“怪怪奇奇无端，如其胸中盘郁也”，于是十分珍爱这幅画。后来驸马王诜得知此事，借去欣赏，就此不肯归还。米芾无可奈何，悻悻地在《画史》中记载：“后晋卿借去不还。”

苏轼《黄州寒食诗帖》被誉为“天下第三行书”。天下第一行书是东晋王羲之写的《兰亭集序》，第二行书是唐朝颜真卿所写的《祭侄季明文稿》，苏轼仅次于这两位大书法家，可见其功底之深。《黄州寒食诗帖》是苏轼在 1082 年因为“乌台诗案”被贬黄州时所写的两首五言长律。

这是苏轼来黄州的第三年。那一年寒食节，春雨绵绵，花落水流。所住的小屋子像一叶扁舟，无所依托地漂流在茫茫烟水之中。苏轼饥肠辘辘，于是独自去厨房想做点菜。厨房里空空荡荡，什么也没有，他只好找了点野菜。但厨房里也没有柴火了，苏轼就又寻了些湿芦苇，放在破灶里烧着。这时一只乌鸦从窗前飞过，他看见乌鸦衔着纸钱，才想到这天是寒食节。想回去报效朝廷，无奈国君门深九重，可望而不可即；想回故乡，但是祖坟却远隔万里。苏轼感叹，难道自己就到了穷途末路吗？又无法像阮籍那样作“穷途之哭”。那不如，就写下来吧。

于是，这天，苏轼把满心的凄凉与悲怆都融于笔端，写下了《寒食雨》：

自我来黄州，已过三寒食。年年欲惜春，春去不容惜。

今年又苦雨，两月秋萧瑟。卧闻海棠花，泥污燕脂雪。

暗中偷负去，夜半真有力。何殊病少年，病起头已白。
春江欲入户，雨势来不已。小屋如渔舟，濛濛水云里。
空庖煮寒菜，破灶烧湿苇。那知是寒食，但感乌衔纸。
君门深九重，坟墓在万里。也拟哭途穷，死灰吹不起。

苏轼书写《寒食雨》的帖子成为著名的书法名帖《寒食帖》，《寒食帖》的笔墨随着苏轼心境诗意的不同而腾挪变化，恣肆奇崛、浑然天成，见之如见苏轼本人，听其话语。黄庭坚评道："东坡此诗似李太白，犹恐太白有未到处。此书兼颜鲁公、杨少师、李西台笔意，试使东坡复为之，未必及此。"

苏轼晚年所写下的《李白仙诗卷》，被认为真正能代表苏东坡书法的最高水平。这时他已历经沧桑、彻悟人生，人生境界达到了一个新的高度，作为其人格投射出的书法，更是炉火纯青。《李白仙诗卷》乃是苏轼抄写李白的两首诗。施宜生谓："颂太白此语，则人间无诗；观东坡此笔，则人间无字。"

苏轼在书法中也推崇"自然"。他喜欢醉后乘兴作草书，曾在《跋草书后》云："吾醉后作草书，数十行，觉酒气拂拂，从十指间出。"熙宁元年，苏轼在韩琦家认识了擅长行草的书法家石苍舒，二人相见恨晚。韩琦曾赞石苍舒的书法如在奔驰的骏马上吹笛子，极言其技艺高超，挥洒自如，这正是苏轼喜欢的风格。

苏轼为石苍舒作《石苍舒醉墨堂》，评其书法曰："自言其中有至乐，适意不异逍遥游。"评说自己的书法："我书意造本无法，点画信手烦推求。"书法和写作一样，对苏轼和石苍舒来说都是一种放松，能给他们带来无比的愉悦，苏轼因此推崇“适意”“无法”，强调书法自由挥洒之趣，如同《庄子》中的“逍遥游”。但苏轼也强调后天的勤奋，比如石苍舒，他为练习书法而用坏的笔也堆成了小山，正因为技艺高超，胸有成竹，才能轻松挥洒出具有神韵的佳作：“兴来一挥百纸尽，骏马倏忽踏九州。”

苏轼《论书》中道：“浩然听笔之所之，而不失法度，乃为得之”，只要胸中有浩然之气，便能发之于胸，应之以手，则笔之所至，自成佳作。在《和子由论书》中苏轼又说道：“苟能通其意，常谓不学可。”只要能真正通晓书法的深意，即使不经常学习也是可以的。“貌妍容有矉，璧美何妨椭。端庄杂流丽，刚健含婀娜。”美人即使蹙眉也是美人，应该允许她忧愁；璧玉只要温润美质，就算是椭圆又有什么妨碍呢？书法风格应该多样化，可以是端正庄重之中混合着流畅华美，也可以是坚强有力之中包含着轻盈柔美。

苏轼深谙乐律，常倚声作歌。乐器之中，他最为爱琴。他还用不适合做笛子的竹材制成周长约一尺的“袖琴”，也就是琴形的寝具“琴枕”，连睡觉也要以琴为伴。在《琴枕》一诗中，苏轼更是奇思妙想，欲将琴枕装上琴弦，奏出动人乐曲，“斓斑渍珠泪，宛转堆云鬟。君若安七弦，应弹卓氏引”。

苏轼一生写下八十多首有关琴的诗。熙宁五年（1072 年），苏轼写下《听贤师琴》，推崇“温和”“清亮”的琴乐审美观：

大弦春温和且平，小弦廉折亮以清。平生未识宫与角，但闻牛鸣盎中雉登木。

门前剥啄谁叩门，山僧未闲君勿嗔。归家且觅千斛水，净洗从前筝笛耳。

熙宁七年（1074 年），苏轼又在杭州写下《听僧昭素琴》，认为琴声还可疏解内心郁结、令人心平气和，从而滋养人的生命：

至和无攫醳，至平无按抑。不知微妙声，究竟从何出。
散我不平气，洗我不和心。此心知有在，尚复此微吟。

苏轼有着超人的精力和过人的天赋，兴趣爱好也非常广泛，他还对医药、养生、水利、瑜伽、炼丹、饮食、园艺等都有相当的研究与实践。后来他又爱上射箭，不过自己也觉得实在涉猎太多，注意力太过分散，曾说："多好竟无成，不精安用夥。何当尽屏去，万事付懒惰。"爱好太多终究一无所成，如果所学不精，即使多几种技艺又有何用，什么时候能把这些都抛开，对万事都懒惰些，专精于一事呢？

天才苏轼终究是成了全才苏轼，在每项他所涉猎的领域，他都成了毫无争议的顶尖高手。不过试想一下，他如果真的只专精一门，比如诗，比如词，比如文，比如书法，比如画，该有多高的成就呢？令人难以想象。

美食专家

苏轼是著名的美食家，他曾在《老饕赋》中写道：“尝项上之一脔，嚼霜前之两螯；烂樱珠之煎蜜，滃杏酪之蒸羔；蛤半熟而含酒，蟹微生而带糟。盖聚物之夭美，以养吾之老饕。”吃肉只选猪颈后部那块最好的肉，吃螃蟹只取霜冻前螃蟹的两只大钳子。把樱桃放在锅中煮烂与蜜同煎，用杏仁浆浇在蒸熟的羊肉上。蛤蜊要半熟时就着酒吃，蟹则要微生时和着酒糟吃。这些精致之极的美食，是苏轼所钟爱的。

当然，品尝美食的氛围感也很重要，因此就要辅以歌舞。《老饕赋》中继续写道：“婉彼姬姜，颜如李桃，弹湘妃之玉瑟，鼓帝子之云璈，命仙人之萼绿华，舞古曲之郁轮袍。”筵席上来后，还要由美女弹奏湘妃用过的玉瑟和尧帝的女儿用过的云璈傲，并请仙女萼绿华就着《郁轮袍》这样优美的曲子翩翩起舞。

最后还要饮上一杯美酒和香茶："引南海之玻璃，酌凉州之葡萄。""响松风于蟹眼，浮雪花于兔毫。先生一笑而起，渺海阔而天高。"用珍贵的南海玻璃杯斟上凉州的葡萄美酒。趁着水煮出松风的韵律，冒出蟹眼大小的气泡时，冲泡用兔毫盏盛的雪花茶。饱餐过后，便大笑起身，顿觉海阔天空。

当然，这是苏轼想象中美食的最高境界。苏轼自己，对无论是精致文雅的宫廷美食，还是特别接地气的民间美食，都是来者不拒，乐此不疲。且他自己就是个难得的厨艺高手。古人曾道"君子远庖厨"，古代的男子基本上不会下厨，尤其是读书人，但苏轼却精于烹饪之道和饮食之理，对美食有着自己的一番追求。

早在凤翔府任签书判官时，苏轼就制有一道东坡凉粉。那时正逢夏日，苏轼想要吃一些清凉解暑之物。于是他让仆人取了些扁豆，将豆子研磨成粉，再细细熬煮成糊状，待到冷却后切成条状，配以盐醋辣椒等佐料凉拌食用，口感滑嫩、滋味清爽。后来这做法在凤翔传开，人们称之为"东坡凉粉"。此后东坡每到一处，都有关于美食的发现。

在杭州任通判之时，苏轼喝了不少西湖旁寺庙的好茶。有一天苏轼身体不适，强撑着游湖，上净慈、南屏诸寺，晚上又到孤山拜谒惠勤禅师，一天之中喝了数碗浓茶，病竟然不药而愈了。苏轼为此题诗道："何烦魏帝一丸药，且尽卢仝七碗茶。"苏轼认为茶对于创作灵感有积极的促进作用，茶可提神醒脑，使思想清明："浓茗洗积昏，妙香净浮虑。"不需满腹的学问，只需一瓯好茶，便能得浮生一日好梦："不用撑肠拄腹文字五千卷，但愿一瓯常及睡足日高时。"

苏轼对喝粥也很有兴趣，在任徐州知州时，一次因高兴喝醉了酒，有乡民煮粥给他喝，他觉得胸腹间热乎乎的很舒服，于是赋《热粥诗》："身心颠倒不自知，更识人间有真味。"并有书帖曰："夜饥甚，吴子野劝食白粥，云能推陈致新，利膈益胃。粥既快美，粥后一觉，妙不可言。"苏轼爱喝各种粥，比如黄芪粥，"黄耆煮粥荐春盘"；豆粥，"沙瓶煮豆软如酥"。

被贬黄州时，苏轼刚刚经历乌台诗案的牢狱之灾，没有俸禄收入，家人"衣食不给"。但他到黄州第一眼就喜欢上了这里漫山遍野的竹子，以及环城的江水，已经开始想象竹笋的香味与鱼的鲜美，作诗《初到黄州》，依然开朗豁达，充满幽默：

自笑平生为口忙，老来事业转荒唐。
长江绕郭知鱼美，好竹连山觉笋香。
逐客不妨员外置，诗人例作水曹郎。
只惭无补丝毫事，尚费官家压酒囊。

苏轼发现黄州的猪肉非常便宜，富人嫌其太贱不吃，而贫苦人家却又不知道烹调之法，未免暴殄天物。他于是亲自动手烧肉。他发现用文火慢慢煨熟而做成的猪肉色泽酱红，香味浓郁，滋味肥而不腻，酥而不烂，更加美味，于是便写了一首《食猪肉》以记之：

净洗锅，少著水，柴头罨烟焰不起。
待他自熟莫催他，火候足时他自美。

黄州好猪肉，价贱如泥土。
贵人不肯吃，贫人不解煮，
早晨起来打两碗，饱得自家君莫管。

这便是著名的东坡肉，苏轼在诗中详细记录了东坡肉的做法。后来他再次回到杭州做官，组织民工修建苏堤，疏浚西湖，使得西湖重新恢复了昔日的美貌。杭州民众便抬猪挑酒向其表示感谢。苏轼收到后，将收到的猪肉做成令人垂涎欲滴的东坡肉，分发给民工。众人吃了之后赞不绝口，从此东坡肉在杭州流传下来，还成了著名的浙菜。

除了爱吃肉之外，苏轼也极爱吃鱼。在黄州时，他曾写有《煮鱼法》一文，介绍他“在黄州，好自煮鱼”，并详细介绍了做法，用新鲜鲫鱼或者鲤鱼，将之去鳞，剖腹，冷水洗过，入沸水锅文火煮，再撒上盐粒，拌上菘菜，放入葱白。然后取生姜、萝卜汁及酒各少许，调匀后放入锅中。待到快熟了，再放入橘皮，就可以起锅吃了。这样煮出来的鱼，鱼汤酽白，鱼肉鲜嫩，令人食指大动。人们称之为“东坡鱼”。

苏轼还会煮鱼羹，曾在《书煮鱼羹》中忍不住大夸自己的手艺，说自己亲自下厨煮鱼羹待客，客人全都赞不绝口，显然自己技艺非一般厨子所能及，言下极有自得之意：“予在东坡，尝亲执枪匕，煮鱼羹以设客，客未尝不称善，意穷约中易为口腹耳！……非世俗庖人所能仿佛。”苏轼还在《鱼蛮子》诗中记述了他做鲤鱼之法：“擘水取鲂鲤，易如拾诸途。破釜不著盐，雪鳞芼青蔬。”

回到京城任职之后，苏轼得以吃到更多精致美食。当时士大夫好吃羊肉，《东京梦华录》中就有许多记载，苏轼自然也吃了个不亦乐乎。有一次，苏轼与朋友谈论美食，取纸一幅以示客，上面写着：“烂蒸同州羊羔，灌以杏酪香梗，荐以蒸子鹅，吴兴庖人斫松江鲙；既饱，以庐山玉帘泉，烹曾坑斗品茶。少焉解衣仰卧，使人诵东坡先生《赤壁前后赋》，亦足以一笑也。”提及的美食之中，同州羊肉被列为第一，可见苏轼对其心仪程度。

被贬惠州之后，苏轼爱上了荔枝、杨梅、枇杷等热带水果。而且，除了新鲜多样的水果外，苏轼也很快对这里的野菜钟情了，觉得比《诗经》中的莼菜更为好吃，“丰湖有藤菜，似可敌莼羹”。这里路边的小吃也令苏轼惊喜。有一位妇人在路边卖环饼，其色嫩黄，香气扑鼻。苏轼买下一尝，只觉十分酥脆可口，赞其“纤手搓来玉色匀，碧油煎出嫩黄深”。

在惠州，苏轼还发现了“羊蝎子”这道美食。苏轼被贬之后，囊中实在羞涩，不敢跟别人争羊肉买。于是，便向屠夫买下羊脊骨，“骨间亦有微肉”，将之熬煮透了，再淋上烧酒，撒上点盐后继续用慢火烘烤，一直烤到微焦。这时候羊脊骨就跟螃蟹一样好吃。于是他隔几天就弄一次羊脊骨吃，吃得兴高采烈，并写信告诉苏辙：“子由三年食堂庖，所食刍豢，没齿而不得骨，岂复知此味乎？戏书此纸遗之，虽戏语，实可施用也。然此说行，则众狗不悦矣。”子由啊，你这三年在官家大厨吃饭，吃肉都不会咬到骨头，肯定是不会吃羊蝎子了。但羊蝎子实在美味，我吃得很高兴，不高兴的就是身边的狗了，骨头上的肉都让我吃得干干净净了。

苏轼被贬海南儋州后，小儿子苏过继承了父亲的厨艺，用山芋和粳米烹制出山芋羹，苏轼吃着觉得温润清甜，竟是平生未曾遇到过的美味，于是给这山芋羹取了个“玉糁羹”的美名：“过儿忽出新意，以山芋作出玉糁羹，色香味皆奇绝。天上酥陀则不可知，人间决无此味也”，并作诗一首，赞道：“莫将北海金齑鲙，轻比东坡玉糁羹。”

苏轼虽然爱吃肉，但也重视吃素。在《赠张鹗》中，苏轼说道：“夫已饥而食，蔬菜食有过于八珍。而既饱之余，虽刍豢满前，惟恐其不持去也。”在饥饿的时候进食，吃蔬菜赛过吃“八珍”。他曾经在田间支起大鼎以煮蔓菁芦菔羹，把菘菜、蔓菁、荠菜等反复揉洗干净，除去苦汁并切碎，然后在锅和瓷碗上涂抹生油，再将切碎的菜、生米及少许生姜放入锅中烹煮，用油碗覆盖但不触碰菜羹，做成的菜羹十分鲜美可口。苏轼给它命名为“东坡羹”，并道：“不用鱼肉，五味有自然之甘”，并作《狄韶州煮蔓菁芦菔羹》诗：

我昔在田间，寒庖有珍烹。
常支折脚鼎，自煮花蔓菁。
中年失此味，想像如隔生。
谁知南粤老，解作东坡羹。
中有芦菔根，尚含晓露清。
勿语贵公子，从渠嗜膻腥。

苏轼是爱酒之人，他不光自己饮酒，同时还品酒、酿酒。“聊将诗酒乐，一扫簿书冗。”官署文书虽然枯燥，但诗与酒能让他的灵魂获得轻盈的快乐。不过，苏轼酒量不大，饮几杯就醉了，但每天都喝，一日也少不了。他在《饮酒说》里写道：“予虽饮酒不多，然而日欲把盏为乐，殆不可一日无此君。为酿既少，官酤又恶而贵，遂不免闭户自酝。”为了满足饮酒的需要，也为了招待朋友，苏轼便自己酿酒，几乎每到一个地方，他都会酿出不同的美酒来。晚年，苏轼还总结自己多年酿酒经验写下了《东坡酒经》。

在黄州时，苏轼的朋友杨士昌“善作蜜酒，绝醇酽”，他就要了杨士昌的方子，用蜂蜜、花瓣来酿酒，兴致勃勃地写了首《蜜酒歌》来记录酿酒过程：

真珠为浆玉为醴，六月田夫汗流泚。
不如春瓮自生香，蜂为耕耘花作米。
一日小沸鱼吐沫，二日眩转清光活。
三日开瓮香满城，快泻银瓶不须拨。
百钱一斗浓无声，甘露微浊醍醐清。
君不见南园采花蜂似雨，天教酿酒醉先生。
先生年来穷到骨，问人乞米何曾得。
世间万事真悠悠，蜜蜂大胜监河侯。

结果他酿出的蜜酒喝下去后令人腹泻不止，不过，这并没有击退苏轼酿酒的热情。在定州，他用松花制松花饭，酿松花酒。先将大量松花配上槐花、杏花，加上蒲黄与白蜜，入饭共蒸，蒸成芳香清甜的松花饭。然后他再把松花饭密封数日，让松花饭充分发酵，便制成了松花酒。苏轼痛饮这醇厚美酒，并挥毫作下一篇《松花歌》：“一斤松花不可少，八两蒲黄切莫炒，槐花杏花各五钱，两斤白蜜一齐捣。吃也好，浴也好，红白容颜直到老。”

在惠州，惠州百姓喜欢酿酒，正合苏轼之意。他从百姓手中得到酿酒之方，又酿起酒来，取名“万家春”，并邀请朋友品尝，在《浣溪沙》中就提到："玉粉轻黄千岁药，雪花浮动万家春。醉归江路野梅新。"不久，苏轼又酿制了新的糯米酒和果酒，取名"罗浮春"和"桑落酒"。某天，他突发奇想新酿一种酒，自己得意，说"乃是神授"。只用白面、糯米、清水三物，酿成之后成玉色，有自然香味，取名"真一法酒"。他还曾用木桂、菌桂等制成桂酒，并且在《新酿桂酒》一诗中详细地记录了酿造方法："捣香筛辣入瓶盆，盎盎春溪带雨浑。收拾小山藏社瓮，招呼明月到芳樽。"饮下这甘醇桂酒之后，苏轼有飘然若仙之感，真是欲乘风归去了，"肌肤握丹身毛轻，冷然风飞同水行"。

元丰七年（1084年）十二月二十四日，苏轼与泗州刘倩叔同游南山时，作下《浣溪沙》，记录游览时的清茶野菜，认为删繁就简、返璞归真后，人世间真正有滋味的还是清淡的欢愉，所谓"人间有味是清欢"：

细雨斜风作晓寒，淡烟疏柳媚晴滩。入淮清洛渐漫漫。
雪沫乳花浮午盏，蓼茸蒿笋试春盘。人间有味是清欢。

天下文宗

苏轼在六十六年的生涯中，共创作了 2700 多首诗，300 多首词，各种文章 4800 多篇，极其高产，且名篇佳作举不胜举，并都达到了各个领域的顶尖水平。在诗歌创作上，他与黄庭坚并称“苏黄”，在词的创作上，与辛弃疾并称“苏辛”，在散文写作上，则与欧阳修并称“欧苏”，为唐宋八大家之一，其诗、词、文里表现出的豪迈气概、丰富情感、阔大境界、深刻思想及独特的艺术风格，不仅在生前令世人倾倒，被奉为天下文宗，而且死后声名益隆，雄视百代，彪炳千秋，是继李白、杜甫之后成就最大、影响最深远的文学家之一。

在苏轼所处的时代中，他已经收获了极高的声誉。每有新作一出，立刻传遍全国。苏轼的老师欧阳修曾在《诚斋诗话》中称赏他道：“此人可谓善读书、善用书，他日文章必独步天下。”苏轼的领导宋神宗称苏轼为天下奇才，甚至认为唐代诗仙李白比之苏轼也颇有不如，道:“白有轼之学，无轼之才。”苏轼的学生兼好友黄庭坚称赞他：“文章妙天下，忠义贯日月。真神仙中人。”后世对苏轼的肯定与赞美更是俯拾皆是。清代文学家王世祯道：“汉魏以来，二千余年间，以诗名其家者众。顾所号为仙才者，唯曹子建、李太白、苏子瞻三人而已。”因此，苏轼又有“坡仙”之称。

苏轼从未把写作当作谋取声名的工具，而是视其为一生中最大的乐趣。他说：“某平生无快意事，惟作文章，意之所到，则笔力曲折无不达意，自谓世间乐事无逾此者。”他的写作是为了展现自己的真心，而不是迎合世俗或者获取利益，坎坷的境遇、丰富的经历，无不化作他笔下充满艺术审美情趣的文学作品。可以说，写作就是他的真正生命，写作治愈了心灵，写作升华了灵魂。

文学向来有“诗教”与“性灵”两大传统，但“诗教”向来为主流，道德教化被认为是文学创作应有之责，所谓“文章合为时而著，歌诗合为事而作”。苏轼却发挥了文学之“性灵”，文学可怡情悦性，涤荡心灵，治愈灵魂，万事万物，只要感动人心，便可进入笔下，也就是“无一事不可入诗”“无一事不可入词”。他的诗歌题材极为广泛，他写天空、海洋、湖泊，也写花草、昆虫、茶酒，几乎没有他不写的。他的文风也多样化，既有汪洋恣肆、自由驰骋之作，也有清丽婉约、空灵超逸之作。

诗词文章已经成了苏轼的灵魂载体，读他的文字，可以看到他自己。即使是写小的题材，苏轼也能以小见大，对其赋予大的意境和格局，引申出深刻的道理。比如《邵伯梵行寺山茶》：

山茶相对阿谁栽，细雨无人我独来。

说似与君君不会，烂红如火雪中开。

那浴雪而开、举重若轻的山茶花，不就是君子铮铮傲骨的象征、苏轼本人风骨的写照吗？苏轼的审美态度为后人提供了富有启迪意义的审美范式，以他的审美眼光看来，万物有灵且美，皆可成为写作的对象。而他也善于发现美，并将其写入诗文。

苏轼天性乐观，因此最不喜欢的可能就是孟郊的诗了，为此特地写了两首《读孟郊诗》：“我憎孟郊诗，复作孟郊语。饥肠自鸣唤，空壁转饥鼠。诗从肺腑出，出辄愁肺腑。”孟郊诗诗意寒涩，诗境狭隘，苏轼将他比作“寒号虫”：“人生如朝露，日夜火消膏。何苦将两耳，听此寒虫号。”苏轼认为，人生苦短，天地浩大，何必在诗中叫苦诉愁呢。

苏轼创作力极其旺盛，仿佛时刻都有灵感，信手就能成文。他在《自评文》中说，“吾文如万斛泉源，不择地皆可出，在平地滔滔汩汩，虽一日千里无难。及其与山石曲折，随物赋形而不可知也。所可知者，常行于所当行，常止于不可不止”，意思是说，我的文章犹如有一万斛水的泉源一样，随处都会涌出来，如同在平地上汩汩的流水，一天流一千里也不难。等到它遇到山石之物，能随之高低宛转，随着物体的形状而变化，能写成什么样是不可预测的。自己能够掌控的，不过是文思该继续的时候就继续，该停止的时候就停止而已。这段文论中，苏轼表明了自己一贯强调的“自然”追求，这一追求主要是继承自父亲苏洵。他在《答谢民师书》中，也提出了类似看法：“大略如行云流水，初无定质，但常行于所当行，常止于不可不止，文理自然，姿态横生。”

“自然”之外，苏轼还提倡“平淡”。苏轼在《与二郎侄》的信中说：“凡文字，少小时须令气象峥嵘，彩色绚烂，渐老渐熟，乃造平淡。其实不是平淡，绚烂之极也。”苏轼青年时仰慕李白、韩愈，喜作议论、文风纵横，虽令欧阳修推崇，却为王安石所不喜。但苏轼中年之后，则极力推崇陶渊明与柳宗元淡泊、简朴、古雅的文风，认为其平淡中蕴含着丰富的情感和至美的意境：“所贵乎枯谈者，谓其外枯而中膏，似淡而实美，渊明、子厚之流是也。”在他的《与子由书》中，他将陶渊明推为诗人中最杰出者，因此他独好陶诗：“吾于诗人无所甚好，独好渊明之诗。渊明作诗不多，然其诗质而实绮，癯而实腴。自曹、刘、鲍、谢、李、杜诸人，皆莫及也。”

不过苏轼并不赞成年轻人学写作时一开始就走这种风格，而是应该什么年龄就写什么风格的文字，因此他在指导侄子作文时建议先取他少年时的策论学习：“汝只见爷伯而今平淡，一向只学此样，何不取旧日应举时文字看，高下抑扬，如龙蛇捉不住，当且学此。”这种“平淡”并非表面的平淡，而是在有过丰富复杂的人生经历、具备千锤百炼后达到炉火纯青的技艺后的“平淡”，如同冰封之海面，看似平静,然而冰面之下,有汪洋暗流肆意地涌动,是文学创作的至高境界。

苏轼主张“文章不厌千回改”。这一点他也继承自欧阳修。欧阳修晚年还常常拿出以前的文章，逐篇逐句地修改，每改一篇文章都思虑良久，甚至废寝忘食。欧阳夫人忍不住劝他说：“为什么还要这么用功呢？你还怕先生嗔怪你吗？”欧阳修笑着回答说：“不畏先生嗔，却怕后生笑！”

苏轼才如大海，酣畅淋漓，写诗作文无不一挥而就，一气呵成，但依然很有耐心做水磨功夫，将文章反复修改，直到满意为止，其勤奋程度并不逊色于老师欧阳修。当时有人得苏轼诗稿真迹，见手稿上对于一个字词有着修改三遍的痕迹。而蜀中石刻的苏轼文稿也有着累累的修改痕迹。宋人笔记《梁溪漫志》对此有所记载。

苏轼能写得一手好文章，自然还跟他勤于读书、善于读书有关。这是得益于父亲的教诲。苏洵曾在《上欧阳内翰书》中道："读之益精，而胸中豁然以明。"苏轼还经常收集别人读书的经验，融会贯通，化作自己的读书技巧。苏轼在《东坡志林》中写到，有人问欧阳修怎么写文章，欧阳修回答说："无他术，唯勤读书而多为之，自工。世人患作文字少，又懒读书，每一篇出，即求过人，如此少有至者。疵病不必待人指摘，多做自能见之。"欧阳修认为，写好文章并没有别的捷径可走，只有多读书多写作，书读多了，落笔为文，文章写多了，自然就写好了。世人写文少，又懒得读书，但是每写一篇文，就希望能有过人之处，这样当然难以窥见写作之门道。自身写作之瑕疵不需别人指出，当写得多了，自己自然就明白缺点在哪里了。练习写作别无他法，唯有脚踏实地，多读书、勤写作。苏轼很赞同老师的观点，并将其记录下来。

苏轼天分虽高，却极其勤奋，从小便每天挑灯夜读，倦极才睡，这样的习惯坚持了一生。他曾在诗中道"旧书不厌百回读""著书不复窥园葵"。苏轼幼时家中藏书极富，"门前万竿竹，堂上四库书"。但他不仅翻来覆去地熟读，还反反复复地抄写。每读一部经典，他都从头抄到尾。苏轼青年时，张方平问苏洵他儿子在看什么书，苏洵答，苏轼正重读《汉书》。张方平也是个天分极高的文学家，素有过目不忘之能，不以为然地说：“书哪用得着看两遍？”苏洵回到家，告诉了苏轼这件事。苏轼笑道：“老先生大概不知道还有看三遍《汉书》的人。”

苏轼名满天下之后，依然勤奋如昔，抄书不止。被贬到黄州时，有一天，州学教授朱载上拜访苏轼，家童通报后迟迟不见主人出来，半晌才见苏轼匆匆从内室出来，说是因为做每日之功课耽误了，非常抱歉。

朱载上好奇地问，何为每日之功课，苏轼回答说：“抄《汉书》。”朱载上吃了一惊，说道：“凭先生的天赋，开卷一览定能终生不忘，怎么还要用手抄这种费力的办法呢？”苏轼说：“并非如此。我读《汉书》，到今天为止已经手抄了三遍。最初是一段事抄三个字为题，第二次两个字为题，现在则只用一个字。”朱载上肃然离席，请求说：“不知先生所抄的书稿，能否让我见识见识？”

苏轼命人从内室取来一册，朱载上翻看后，不解其意。苏轼说：“足下试举题中一字。”朱载上于是随便找出一个字，苏轼应声背诵数百字，无一字差错。朱载上又任意挑了几个字，都是如此。朱载上惊叹不已，叹服说：“先生真谪仙才也！”后来朱载上回去之后，告诉儿子朱新仲这件事，并感叹道：“东坡先生尚且如此勤奋，你我不过中等才智，岂可不勤奋读书耶！”朱新仲后来又把这件事告诉了自己儿子朱辂，以此教育他。

苏轼被贬到海南儋州之时，苏辙女婿王庠写信向苏轼请教读书之法，苏轼便回了一封《又答王庠书》，简洁地回答了他的问题：“少年为学者，每一书皆作数过尽之。书富如入海，百货皆有之。人之精力，不能兼收尽取，但得其所欲求者尔。故愿学者每次作一意求之。

如欲求古今兴亡治乱、圣贤作用，但作此意求之，勿生余念。又别作一次，求事迹如实，典章文物之类，亦如之。他皆仿此。此虽迂钝，而他日学成，八面受敌，与涉猎者不可同日而语也。”

苏轼认为求学并无捷径，唯有坚持与积累。人的精力是有限的，而书海茫茫无涯，因此读书必须要有目标，不能兼收尽取。在这里，苏轼提出了“八面受敌”读书法，就是每次读书的时候，只应该集中注意一个问题，将之完整读完，然后再换一个角度，围绕另一个问题再读一遍。这样读了一遍又一遍，就可以从各个角度进行深入学习。方法虽然看起来有点笨，但可以学得极为扎实，学成之后就能全面掌握书中要义，经得住各方面的考验，与那些蜻蜓点水、泛泛而谈的读书人不可同日而语。

苏轼对自己的学生，向来是悉心指点，倾囊相授。苏轼如朋友一样对待他们，从来不曾以老师的地位自居，不遗余力地提携他们。由于苏轼所学极广，涉猎繁多，无论哪种文学样式他都游刃有余，所以苏门学子只要得他某一方面的指点，便进步神速，并且所擅长的各有不同。黄庭坚、陈师道长于诗，秦观长于词，李廌以古文称世，晁补之、张耒则诗文并擅。

苏轼胸襟坦荡，尊重弟子们的创作个性，使得苏门弟子百花齐放，呈现出各种风格。张耒曾如此描述苏轼、苏辙以及苏门弟子，可谓是各有各的个性，各有各的风采：

长翁波涛万顷陂，少翁巉秀千寻麓。

黄郎萧萧日下鹤，陈子峭峭霜中竹。

秦文茜藻舒桃李，晁论峥嵘走金玉。

六公文字满人间，君欲高飞附鸿鹄。

苏轼和欧阳修一样乐于提携后进，希望在下一辈年轻人中选取文章盟主，以期文脉不断，源远流长。秦观连续参加几次科举考试，都没有中第，苏轼亲自指导他写策论，甚至为了秦观还致信王安石，希望秦观能够得到他的提携：

向屡言高邮进士秦观太虚，公亦粗知其人。今得其诗文数十首拜呈。词格高下，固无以逃于左右，独其行义修饬，才敏过人，有志于忠义者，某请以身任之。此外，博综史传，通晓佛书，讲习医药，明练法律，若此类未易以一二数也。

才难之叹，古今共之。如观等辈，实不易得。愿公少借齿牙，使增重于世，其他无所望也。

王安石爱才不下于苏轼，立刻回信，对秦观给予了高度肯定，“得秦君诗，手不能舍”，并赞其清新妩丽，与南朝著名文学家鲍照、谢朓相似。由于苏轼以及王安石的推崇，秦观名声大振。

因为有了苏轼对秦观的特别爱护，民间便衍生出苏轼的妹妹，即苏小妹的传说故事，说她嫁给了秦观，秦观成了苏轼的妹夫。南宋《东坡问答录》中还煞有其事地记录苏小妹：“东坡之妹，少游之妻也。”明末清初冯梦龙的《醒世恒言》里，也记载了“苏小妹三难新郎”的故事，内容是苏小妹在新婚之夜给秦观出了三道题，秦观被难住，还是苏轼帮忙解的围。事实上秦观在拜入苏门之前已有妻子，苏轼也只有早逝的八娘姐姐，而没有妹妹。

元祐三年进士考试，苏轼为主考官。当时苏门弟子李廌应试。苏轼在考卷中读到了一篇笔墨翻澜、有飞沙走石之势的佳作，拍案叫绝，认为一定是李廌之作，于是果断点为第一。结果发榜后，苏轼才发现那篇文章的作者是章惇之子章援，李廌则名落孙山。为此，苏轼感到非常遗憾。他打算与范祖禹一起向朝廷推荐李廌，却因自己与范祖禹相继遭贬而不果。李廌从此绝意仕进。

苏轼知道李廌生活困窘，经常接济他。元丰八年（1085 年），苏轼途经南都去常州，有朋友特意给他送来十匹绢、一百两丝作安家之费。恰好李廌来访，苏轼知他祖母以及父母先后病故却无力安葬，便将朋友的馈赠全部送给了他。

苏轼教导儿子，从来都是以鼓励为主，自称“誉儿有癖”，一夸就停不下来。陶渊明生有五子，但五个儿子都不喜读书，陶渊明因此作《责子诗》，慈爱中含有担忧与惆怅：“虽有五男儿，总不好纸笔。阿舒已二八，懒惰故无匹。阿宣行志学，而不爱文术。雍端年十三，不识六与七。通子垂九龄，但觅梨与栗。”而苏轼的三个儿子，苏迈、苏迨、苏过都聪明好学，勤奋刻苦。苏轼公务虽然繁忙，但只要有时间，他就会指点儿子读书写作，并与他们唱和。

一天晚上，清风习习，明月在云层中穿行，苏轼见此良辰美景，就要和苏迈即景联句。苏轼吟道：“清风来无边，明月翳复吐。”苏迈听到窗外松涛阵阵，竹影摇曳，接道：“松声满虚空，竹影侵半户。”于是父子俩你一句我一句，连成了一首清雅小诗，苏轼把它记录下来，是为《夜坐与迈联句》：

清风来无边，明月翳复吐。
松声满虚空，竹影侵半户。
暗枝有惊鹊，坏壁鸣饥鼠。
露叶耿高梧，风萤落空庑。
微凉感团扇，古意歌白纻。
乐哉今夕游，获此陪杖屦。
传家诗律细，已自过宗武。
短诗膝上成，聊以感怀祖。

诗中提到的宗武，是杜甫的儿子，杜甫曾有《示宗武》一诗夸奖儿子的诗才。而苏轼则是自信满满地表示，自己儿子苏迈作诗已经超过了宗武。

元丰八年（1085 年）秋，苏轼带着家眷前往登州。途中苏轼与儿子们谈诗论文，诗歌唱和。船到淮口时遇到大风，二子苏迨写下了一首《淮口遇风》呈给父亲，苏轼览诗大喜，和诗一首：

我诗如病骥，悲鸣向衰草。
有儿真骥子，一喷群马倒。
养气勿吟哦，声名忌太早。
风涛借笔力，势逐孤云扫。
何如陶家儿，绕舍觅梨枣。
君看押强韵，已胜郊与岛。

苏轼忍不住又把陶渊明的儿子和杜甫的儿子拿出来衬托自己的儿

子，还称苏迨的诗才胜过了唐代诗人孟郊、贾岛。他抑制不住内心的喜悦，马上把儿子的诗寄给了朋友杨康功炫耀，并强调苏迨才十六岁，已“颇知作诗”。

后来，苏轼被贬到儋州，只有幼子苏过随行照顾父亲。在儋州，苏轼父子以读书、著述、诗文唱和为平生之乐，苏过除了照顾父亲起居，也在父亲指点下读书写作，从未断过，苏轼为此深感欣慰，在《与徐得之》中云：“儿子过颇了事，寝食之余，百不知管，亦颇力学长进也。”苏轼作《和陶游斜川》诉说心曲，“过子诗似翁，我唱而辄酬。未知陶彭泽，颇有此乐不”。调侃陶渊明是否也享受着这样的天伦之乐，并为苏过的诗才感到骄傲，认为其诗风颇似自己。

苏轼曾写了一篇《评诗人写物》的短文给苏过，教他写诗的技巧，指出要学会抓住事物的本质特点：“诗人有写物之功。‘桑之未落，其叶沃若’，他木殆不可以当此。林逋《梅花》诗云：‘疏影横斜水清浅，暗香浮动月黄昏。’决非桃李诗。皮日休《白莲》诗云：‘无情有恨何人见，月晓风清欲堕时。’决非红莲诗。此乃写物之功。若石曼卿《红梅》诗云：‘认桃无绿叶，辨杏有青枝。’此至陋语，盖村学中体也。”

苏过受父亲悉心教导，后来也成为宋代有名的文学家，为苏轼三个儿子中文才最佳者，并擅书画，有乃父之风，人称“小坡”，著有《斜川集》二十卷。

苏东坡年表

1036 年，出生

1054 年，迎娶妻子王弗

1057 年，高中进士，名动京城；母亲去世，返乡服孝

1059 年，长子苏迈降生

1061 年，应中制科考试，出任凤翔府判官

1064 年，入直史馆

1065 年，王弗去世

1066 年，父亲苏洵去世

1068 年，续娶妻子王闰之

1069 年，返京复官

1070 年，次子苏迨降生

1071 年，任杭州通判

1072 年，三子苏过降生

1074 年，出任密州太守

1077 年，任徐州太守

1079 年，任湖州太守，因诗入狱

1080 年，任黄州团练副使

1085 年，任登州太守

1086 年，以翰林学士知制诰

1089 年，任杭州太守

1091 年，任颍州太守

1093 年，续妻王闰之去世

1094 年，谪居惠州

1096 年，朝云去世

1097 年，谪居儋州

1100 年，接诏令北归

1101 年，北归途中病逝于常州，终年六十六岁

（注：古代人年龄按虚岁计算。）

附录

子瞻文章议论，独出当世，风格高迈，真谪仙人也；至于书画，亦皆精绝。故其简笔才落手，即为人藏去。有得真迹者，重于珠玉。子瞻虽才行高世而遇人温厚，有片善可取者，辄与之倾尽城府，论辨唱酬，间以谈谑，以是尤为士大夫所爱。间遭佥人媒孽，谪居黄州。有陈处士者，携纸笔求书于子瞻，会客方鼓琴，遂书曰："或对一贵人弹琴者，天阴声不发，贵人怪之，曰：'岂弦慢邪。'对曰：'弦也不慢。'"子瞻之清谈善谑，皆此类也。

——（宋）王辟之

元祐中锁试礼部，每来见过案上纸，不择精粗，书遍乃已。性喜酒，然不能四五龠已烂醉，不辞谢而就卧，鼻鼾如雷。少焉苏醒，落笔如风雨，虽谑弄皆有义味，真神仙中人。此岂与今世翰墨之士争衡哉！

——（宋）黄庭坚

词至东坡，倾荡磊落，如诗如文，如天地奇观，岂与群儿雌声较工拙？

——（宋）刘辰翁

唐歌词多宫体，又皆极力为之。自东坡一出，性情之外，不知有文字，真有“一洗万古凡马空”气象。虽时作宫体，亦岂可以宫体概之？人有言，乐府本不难作，从东坡放笔后便难作。

——（元）元好问

汉魏以来，二千余年间，以诗名其家者众矣。顾所号为仙才者，唯曹子建、李太白、苏子瞻三人而已。

——（清）王士祯

人赏东坡粗豪，吾赏东坡韶秀。韶秀是东坡佳处，粗豪则病也。东坡每事俱不十分用力，古文、书、画皆尔，词亦尔。

——（清）周济

北宋人词，如潘逍遥之超逸，宋子京之华贵，欧阳文忠之骚雅，柳屯田之广博，晏小山之疏俊，秦太虚之婉约，张子野之流丽，黄文节之隽上，贺方回之醇肆，皆可模拟得其仿佛。唯苏文忠之清雄，敻乎轶尘绝世，令人无从步趋。盖霄壤相悬，宁止才华而已？其性情，其学问，其襟抱，举非恒流所能梦见。词家苏辛并称，其实辛犹人境也，苏其殆仙乎！

——（清）王鹏运

三代以下之诗人，无过庄子、渊明（陶潜）、子美（杜甫）、子瞻（苏轼）者。此四子者，若无文学之天才，其人格亦自足千古。故无高尚伟大之人格，而有高尚伟大之文章者，殆未之有也。

——王国维

苏东坡是一个无可救药的乐天派、一个伟大的人道主义者、一个百姓的朋友、一个大文豪、大书法家、创新的画家、造酒试验家、一个工程师、一个憎恨清教徒主义的人、一位瑜伽修行者佛教徒、巨儒政治家、一个皇帝的秘书、酒仙、厚道的法官、一位在政治上专唱反调的人。一个月夜徘徊者、一个诗人、一个小丑。但是这还不足以道出苏东坡的全部……苏东坡比中国其他的诗人更具有多面性天才的丰富感、变化感和幽默感，智能优异，心灵却像天真的小孩——这种混合等于耶稣所谓蛇的智慧加上鸽子的温文。

——林语堂